Croyances, sorcellerie, et superstitions

en Bretagne

à Marc'harid Fulup, conteuse et pèlerine par procuration,
à Sant Erwan Ar Wirionez,
à tous nos ancêtres,
pour qui le monde était enchanté.

Croyances, sorcellerie, et superstitions

en Bretagne

Thierry Jigourel

ÉDITIONS
Reflets de Terroir
CPE

Edition Avril 2010

“ Comparée à l’imagination classique, l’imagination celtique est l’infini comparé au fini. “

(Renan)

SOMMAIRE

Croyances, sorcellerie et superstitions en Bretagne

Avant propos

Lorsque Jacques Hel, mon éditeur, me commanda cet ouvrage dédié aux "croyances, sorcellerie et superstitions de Bretagne", je me hâtai d'accepter le travail avec joie et entrain. C'est vrai que, depuis des années que j'explore la riche et dense "matière de Bretagne", qu'elle soit mythologique, liée à l'héritage antique et celtique, médiévale et littéraire ou moderne, voire contemporaine et "folklorique", un tel ouvrage m'apparaissait comme la suite logique de plusieurs articles, dossiers, chapitres publiés dans divers journaux, magazines, livres et encyclopédies.

Bien vite, il m'a fallu appréhender la réalité. Et me rendre à l'évidence. Comment, en un opus de 144 pages, résumer un sujet aussi vaste, aussi profond, aussi multiforme ? Comment l'aborder autrement qu'en surfant sur l'écume des vagues ? Comment présenter au lecteur un "aperçu" honnête et objectif, à défaut d'être exhaustif, d'un domaine quasiment aussi étendu que l'océan ? Un domaine auquel d'autres, les grands, les infatigables collecteurs du XIXe siècle, les Le Braz, Luzel, Souvestre, La Villemarqué, Cadic, Orain et autres Sébillot ont consacré des vies entières, sans parvenir à tout recueillir, à tout rassembler. Le pari en la matière, est d'autant plus difficile que, comme l'écrivait fort justement Le Braz, dans l'introduction de la Légende de la Mort chez les Bretons armoricains, *cette légende là est en état d'ébullition permanente, de création continue, à l'image des chaudrons de connaissance et d'immortalité de la Tradition celtique. Loin d'être un corpus figé et muséifié pour l'éternité, c'est au contraire un héritage bien vivant, qui se transmet de génération en génération en s'enrichissant des apports de tous et de chacun.* "Au moment même où on la fixe sous une de ses formes, elle (la légende) est en train de s'épanouir en des formes nouvelles. Chaque âge, chaque génération, chaque tempérament la retravaille et la repétrit, lui imprime un autre caractère en lui insufflant une autre âme. Vivante, elle évolue sans cesse, selon la loi de tout organisme vivant. Car elles vivent, ces légendes, elles vivent dans le cœur des Bretons d'aujourd'hui presque aussi intensément qu'elles vécurent dans le cœur de leurs plus lointains ancêtres." *C'était vrai, dans les grandes lignes, dans un XIXe siècle de toutes les aventures intellectuelles. C'était vrai en 1836 lorsque Souvestre interrogea le vieux conteur guissénien qui lui raconta l'aventure de ce vaurien de Wilherm Postic, broyé dans son linceul du fait de ses propres fautes. Et c'était vrai encore en 1893, lorsque Le Braz publia la première édition de sa* Légende de la mort. *Si vraies d'ailleurs, et si profondément vissées à l'âme des Bretons, ces croyances en l'Autre Monde, en l'Ankou, en les Anaon, que Léon Marillier, jeune et brillant professeur à l'Institut des Hautes Études, leur dut directement sa mort. Rejeté sur un rocher perdu au milieu des épouvantements, après un naufrage qui vit mourir plusieurs membres de la famille Le Braz, il appela à l'aide toute la nuit sans que personne ne vînt à son secours. Interrogés par Anatole, les riverains lui avouèrent avoir entendu les suppliques du malheureux, mais avoir été terrorisés à l'idée qu'il s'agissait pour eux des hurlements de l' Anaon des noyés en mer.*

Qu'en est-il aujourd'hui ? Les propos de l'auteur de la Légende de la mort *conservent-ils leur actualité ? Les Bretons font-ils toujours corps avec leurs légendes et leur imaginaire ? Sont-ils les héritiers et les dépositaires de la légende d'Arthur, de Merlin, de Viviane, d'Ahès-Dahud ? Ont-ils toujours avec l'Anaon, le peuple indistinct des trépassés, les rapports d'intimité qu'ils avaient naguère, encore du temps de la jeunesse de Maria Prat ou d'Anjela Duval ? A une époque où l'on a décrété la mort du sacré, où la télévision a remplacé le conteur traditionnel, où le culte de la matière, du bidet et du lavabo, du téléphone portable et de l'ordinateur, du MP3 et du MP4, s'est substitué à l'adoration des petits saints polychromes tous plus ou moins sauroctones et thaumaturges. Que reste-t-il de cette "légende" aujourd'hui dangereusement enfermée dans les pages jaunies de vieux grimoires, à l'heure où les derniers qui croyaient encore en l'Ankou sont montés difficilement dans sa* karrigel *? La pièce de théâtre d'un Le Bris qui, dans* Ys ou la rumeur des vagues, *redonne vie à sa manière à Dahud, la "bonne magie", la maîtresse d'Is, la belle et rebelle fille du roi Gradlon de Cornouaille, ou, dans un genre bien différent, le fameux* Ankou *en bandes dessinées de Jean-Claude Fournier, participent-ils encore à cette création continue, à cet enchantement renouvelé et éternellement étincelant, évoqué par le Braz ? Étrange paradoxe en effet, que de vouloir coucher sur le papier la légende de ceux qui n'ont-qui n'avaient ? - d'existence, que par l'oralité d'un peuple plus ou moins directement héritier des druides et en tous cas pétri de leur enseignement.*

Quant à "superstitions", *n'est-ce pas précisément le terme honteux et infâmant qu'utilisèrent contre le peuple et ses Traditions millénaires, ceux-là même qui, des siècles durant, se donnèrent comme mission sacrée de les anéantir ? A ce titre, le pouvoir temporel et le pouvoir spirituel, les autorités civiles et les autorités ecclésiastiques marchèrent de concert et main dans la main. Pour mettre le peuple au pas d'une raison raisonnante et "ratiocinante" comme l'écrivait le barde Xavier Grall, l'évêque et le préfet constituèrent un couple imparable. Et les interdits et anathèmes du Concile de Trente ouvrirent la voie aux décrets de la Révolution. Il n'est jusqu'à ces collecteurs, qui faisaient pourtant profession de traquer dans la bouche des mendiants et des pauvresses, les trésors de la littérature populaire, qui les considéraient avec une sorte de mépris mêlé d'une affection paternaliste. A un Renan, qui entendait draper la langue bretonne, celle dans laquelle rêvèrent toutes les générations d'ancêtres trégorrois qui l'avaient précédé, dans le "linceul des dieux morts", répondent les dernières lignes de l'introduction de la Légende :* "Mais ils ont des morts une peur irraisonnée, une peur sauvage, capable de tout abolir en eux, même le plus élémentaire sentiment d'humanité. Dieu me garde de le leur imputer à crime ! Ce n'est point leur faute s'ils n'ont pas encore répudié l'antique héritage d'une race sur qui pèse si lourdement le joug des superstitions primitives (...) Puissent du moins, les bienfaits de l'instruction moderne libérer les cerveaux de leurs fils de ces fantômes d'un autre temps. Puisse la Légende de la Mort n'être bientôt plus pour les Bretons qu'un souvenir, embaumé par l'un d'eux aux pages de ce livre, comme dans un linceul." *L'aveu est de taille. En intellectuel de son temps, Le Braz se veut tout à la fois le collecteur de ces traditions et leur fossoyeur. Le professeur du ministère de l'Instruction Publique a en même temps pour mission de sauvegarder le formidable héritage et de le neutraliser en le muséifiant. Difficile de parler plus clairement. Objet d'études des "savants" qu'on ne nomme pas encore ethnologues, la science du peuple est comme dépouillée de sa substance et disséquée comme un coléoptère par l'entomologiste.*

Qu'en est-il aujourd'hui ? Le renouveau des veillées et le retour des conteurs, des conteurs oraux, si l'on peut se permettre un pléonasme significatif, augure-t-il des lendemains qui chantent ? Lassés d'une civilisation qui avait un peu trop vite proclamé la mort du sacré, du spirituel et du merveilleux, les Bretons laisseront-ils libre cours à leurs tendances naturelles ? Sont-ils prêts à se laisser réenchanter ? Et pour combien de temps ?

Sont-ils toujours ce peuple à propos duquel le philosophe trégorrois Renan, dans Poésie des races celtiques, *écrivait que :* "Comparée à l'imagination classique, l'imagination celtique est l'infini comparé au fini."

Quant à la "sorcellerie", qui constitue un volet important de cet opus, force est de reconnaître qu'elle est réduite ici à la portion congrue. Quelques traces à l'ouest, tout à l'ouest, là où l'océan se marie au ciel pour des noces perpétuellement renouvelées. A sein, et dans une moindre mesure à Ouessant. Une pratique populaire trégorroise qui, bien que vilipendée elle aussi par un clergé perpétuellement sur ses gardes, tient plus des ordalies médiévales que de la sorcellerie stricto sensu. Quelques rognures d'ongles ici et quelques sorts par là. A vrai dire pas de quoi fouetter un chat… noir. Ni ériger des bûcher comme on le fit avec tant de ferveur, de zèle et d'allégresse dans les hautes vallées d'Italie du nord, en Suisse, en Allemagne ou en Espagne. D'ailleurs à part celui de Jacques Rollet, un pauvre bougre condamné pour lycanthropie au début d'un XVIe siècle qui voyait des sorcières et des loups-garous partout ou presque, les archives n'ont pas conservé d'importantes traces d'affaires ayant défrayé la chronique. Et si la Bretagne fut une terre promise, une sorte de terrain de prédilection pour les missions chargées de reconquérir les âmes aussi sûrement que les corps, les pères Maunoir et Nobletz furent bien plus préoccupés de montrer à des ouailles terrorisées les supplices de l'enfer, et à pourchasser, anathémiser et condamner les cultes jugés coupables parce que par trop empreints de paganisme, qu'à débusquer des femmes supposées pactiser avec le Malin. Un Malin qui du reste en Bretagne, présente alternativement deux figures radicalement opposées. Celle de l'Église, "convenable", d'un diable sentant le souffre à plein nez, celle d'une créature maléfique cherchant par tous les moyens à perdre les âmes et à profiter de toutes les failles et de toutes les faiblesses humaines. Et celle d'un diable… humain, trop humain, plus benêt, voire parfois débonnaire que proprement malfaisant : la figure héritière probablement de "géants" très anciens, en tous cas, loin, bien loin du Satan et de tous les démons de la Bible et de l'imagerie chrétienne officielle.

Thierry Jigourel

Magies et antiquité celtique

L'imagination celtique, c'est sûr, par rapport à l'imagination classique, donne une vertigineuse idée de l'infini par rapport au fini.

De tout temps, elle impressionna les auteurs, géographes, ou historiens, et ceux que l'on ne nommait encore ni "folkloristes", ni "ethnologues". César déjà, dans la *Guerre des Gaules*, écrivait que les druides enseignent à leurs élèves que les "âmes sont impérissables". Affirmation que certains ont mise à profit pour étayer des théories sur la métempsychose celtique, ce qui reste à prouver.

Mais quant à la sorcellerie, ou à des pratiques qui, plus tard, seront condamnées et persécutées par l'Église triomphante ?

A en croire la définition du petit Larousse, le mot sorcellerie vient du latin populaire sortiarius, "diseur de sorts". Pour le même dictionnaire, le sorcier était une *"personne que l'on croyait autrefois en relation avec le diable pour connaître l'avenir, pour agir* sur des personnes (ou des animaux) au moyen de maléfices, de sortilèges (syn. Devin, magicien)" La sorcellerie est par conséquent *"une opération magique de sorcier"*. Force est de constater que cette définition confond des notions qui pour nos anciens ne se recoupaient pas nécessairement.

Dominique Besançon, de son côté, dans *Sorcelleries et diableries de Bretagne*, précise le propos : *"à l'exception de quelques pratiques récupérées par la religion, la magie est devenue synonyme de Mal au regard d'un pouvoir étatique et religieux auquel elle échappe désormais (...) sa sœur pauvre, la sorcellerie, ne serait que l'application sans compréhension réelle, de rituels magiques."*

La sorcellerie apparaîtrait donc comme une sorte de dégénérescence de rites magiques, comme, selon C–J Guyonvarc'h et Françoise Le Roux, le conte serait une dégénérescence du mythe.

En tous cas elle a de solides racines. Car dans le monde celtique, la magie est partout. Et d'abord dans l'art des druides.

"La magie, écrivent encore Guyonvarc'h et Le Roux, *remonte à la nuit des temps, traverse tous les âges, et, sous des formes parfois inattendues, encombre jusqu'à notre époque contemporaine où le plus souvent, des esprits forts et d'autres qui le sont moins, refusent de croire à son existence."* Et si, toujours selon ces auteurs, dans les textes irlandais anciens, ou dans les récits des auteurs grecs et latins qui se sont penchés sur le monde celtique, *"nous n'avons pas de descriptions d'envoûtements, de récits de sabbat (...) de cas de lycanthropie (...) ni aucune énumération de matériel de magicien, hormis la baguette des druides"*, nous disposons de plusieurs textes faisant état de l'omniprésence de la magie dans l'univers quotidien de nos ancêtres. Sans doute, les druides n'étaient pas des "sortes de sorciers" et "féticheurs" dépositaires de secrets magiques et de recettes médicales. Du moins ils n'étaient pas que cela. Mais nombreux sont les témoignages des auteurs classiques qui font état de leur pouvoir, à commencer par celui qu'ils exerçaient sur les éléments. D'ailleurs, dans le monde celtique, la magie fait partie de l'enseignement du druide, au même titre que l'astronomie, la musique ou encore le droit.

Magie végétale

Est-ce une incantation druidique, ou une pratique magique qui vint au secours des Boïens aux prises avec les légions d'un certain Postumius, en Gaule Cisalpine, au cours des guerres terribles et inexpiables que les fils de la louve livrèrent aux Celtes installés dans la plaine padane et sur le versant méridional des Alpes ? C'est possible, car bien que Tite-Live, présente l'épisode sous des traits historiques, il revêt bien des aspects merveilleux. La forêt qui marche, au secours des hommes et en particulier au secours des Celtes, contre leurs ennemis, est un thème trop récurrent de la mythologie celtique, jusque dans la période médiévale, pour que les événements décrits ici ne soient pas une historicisation plus ou moins maladroite d'un fait imaginaire. *"La fortune accumulait sur cette année tous les désastres,* écrit l'auteur de l'Histoire Romaine. *L. Postumius, consul désigné, avait péri dans la Gaule Cisalpine avec toutes ses troupes. Il y avait une vaste forêt, que les Gaulois appelaient Litana, par où il allait conduire son armée. A droite et à gauche de la route, les Gaulois coupèrent les arbres de telle sorte que, tout en restant debout, ils tombassent à la plus légère impulsion. Postumius avait deux légions romaines, et à partir de la mer Adriatique, il avait levé tant d'alliés que*

vingt-cinq mille soldats l'accompagnaient sur le territoire ennemi. Comme les Gaulois s'étaient installés sur la lisière extrême et tout alentour de la forêt, dès que l'armée romaine y fut entrée, ils poussèrent les plus éloignés des arbres coupés par le pied. Les premiers tombant sur les plus proches, si instables eux-mêmes, et si faciles à renverser, tout fut écrasé dans leur chute confuse, armes, hommes et chevaux : c'est à peine si dix hommes échappèrent. Le plus grand nombre avait péri, étouffé sous les troncs et les branches brisées des arbres (...) Ce fut là que mourut Postumius, luttant de toutes ses forces pour ne pas être pris. Les dépouilles et la tête coupée de ce général furent portées triomphalement par les Boïens dans le temple le plus respecté de leur nation, puis la tête vidée et, selon leur coutume, le crâne orné d'un cercle d'or leur servit de vase sacré pour offrir des libations dans leurs fêtes. Ce fut aussi la coupe des pontifes et des prêtres du temple, et aux yeux des Gaulois, la proie ne fut pas moins que la victoire." Le sort de la tête du consul romain éclaire à lui seul le domaine dans lequel on évolue ici : celui du sacré et du merveilleux. Quant à la forêt, comme au Moyen Age, celle de Brocéliande, qui est l'héritière directe de la sylve celtique, elle est le "premier décor que l'imagination celtique se plaît à faire surgir pour les exploits de ses héros. "La bataille de Litana qui fait intervenir la magie végétale, a de nombreux échos dans la mythologie celtique, irlandaise ou même brittonique, comme dans le célèbre Kad Goddeu ou "combat des arbrisseaux", qui décrit l'intervention d'une forêt aux côtés de guerriers bretons aux prises avec un parti d'adversaires :

"Les aulnes en tête de ligne
Étaient les premiers.
Les saules et les sorbiers
Vinrent tard à l'armée.
(...) Les rosiers marchèrent
contre une armée de géants (...)
L'ormeau, en dépit de son grand nombre,
ne s'éloigna pas d'un pied.
Il tomba au centre, aux extrémités et à la fin.
Le coudrier fut estimé
Par son nombre dans le combat (...)"

Magiques encore, bien sûr, toutes ces pratiques liées à l'art de la guerre, de la nudité et des peintures dont nos ancêtres se couvraient abondamment le corps pour aller au combat, à l'habitude qu'ils avaient de couper et d'exposer, sur des pieux, devant leurs demeures ou leurs camps, les têtes coupées des ennemis, voire, dans de grands sanctuaires, leurs corps sans têtes, armés et debout, en passant par la circumambulation autour de l'ennemi en lui montrant son flanc gauche. Magique, évidemment, tout l'art de la guerre, chez les Celtes.

Des êtres protéiformes

Les druides, en bien des occasions, utilisent ou tentent d'utiliser la magie contre la force militaire de l'ennemi. Ce fut le cas lors de l'invasion de l'île de Bretagne par les légions d'Agricola. Et en particulier lors de l'attaque du sanctuaire de l'île de Mona, l'actuelle Anglesey. La scène, décrite par Tacite, donne rétrospectivement des sueurs froides. *"Sur le rivage,* écrit l'auteur des Annales, *se dressait l'armée ennemie, dense en armes et en hommes, au milieu desquels couraient des femmes ; telles des Furies, en vêtements de deuil, les cheveux épars, elles brandissaient des torches ; et des druides, tout autour, lançaient des prières sinistres, en levant les mains au ciel ; l'étrangeté de ce spectacle bouleversa les soldats au point que, comme s'ils avaient eu les membres paralysés, ils offraient aux coups leurs corps immobiles. Puis, sur les exhortations du chef et s'excitant eux-mêmes à ne pas trembler de peur devant une troupe de femmes et de fanatiques, ils prennent l'offensive, abattent ceux qu'ils rencontrent et enveloppent les autres de leurs propres flammes."*

Cette fois la magie est inefficace devant les glaives et les balistes des fils de la louve. C'est le chant du cygne du monde celtique indépendant. L'esprit plie devant la matière.

L'île, pourtant, tout comme la forêt, demeure un monde à part, un monde sacré et initiatique. Au Ier siècle avant J-C, Pomponius Mela, évoquant le littoral des Osismi, en Armorique, décrit neuf druidesses vraisemblablement plus mythique qu'historiques et qui en tous cas ressemblent étrangement à Morgane et à ses neuf sœurs veillant sur Arthur aux îles d'Avalon, en attendant que, guéri, il vienne libérer son peuple de l'occupation étrangère. *"Sena se trouve dans la mer britannique, en face du littoral des Osismes. Elle est célèbre par l'oracle d'une divinité gauloise. Ses prêtresses sont sanctifiées par des vœux de virginité perpétuelle. On dit qu'elles sont au nombre de neuf. Les Gaulois les nomment Sènes. Ils pensent que, douées de pouvoirs exceptionnels, elles peuvent, par leurs incantations, déchaîner les flots et les tempêtes, se métamorphoser en toutes espèces d'animaux, guérir les maladies incurables, connaître l'avenir et le prédire."* Autant de pouvoirs, réels ou supposés qui, plus tard, seront attribués aux soit-disant "sorcières", accusées de pécher contre la volonté divine en procédant à la divination ou en soignant par les plantes. Nous n'en sommes pas encore là, au premier siècle de notre ère, même si ces dons étranges paraissent bien suspects déjà, aux autorités de Rome.

Les êtres qui ont commerce avec l'Autre Monde, à commencer par les druides et les druidesses, apparaissent ainsi protéiformes. C'est le cas de Taliesin, le célèbre barde de l'île de Bretagne, comme de Morgane, qui, en ce sens, est une héritière directe des Femmes de l'Autre Monde, lesquelles se présentent souvent aux hommes sous forme de cygnes blancs.

"Les êtres surnaturels des Celtes sont polymorphes et sujets à des métamorphoses multiples" écrit A. Lamézec dans *Le Diable en Bretagne.* C'est précisément encore le cas du Merlin alto-médiéval qui, selon la Tradition, est capable de prendre tour à tour l'apparence d'un vilain, d'un jeune guerrier, d'un vieillard vénérable, voire celle d'un animal.

Entend maintenant que tu ne le regretteras pas car je suis Taliesin et si bientôt mon nom brûle parmi les innombrables étoiles du ciel crois bien que je ne serai pas ingrat et que tu trouveras avec moi une récompense à la hauteur de ta gentillesse.

Présente dans tout le cycle arthurien, la magie l'est encore, et de manière récurrente dans le roman de Tristan et Iseult. D'abord, bien sûr, avec la présence de ce philtre d'amour concocté par la mère d'Iseult la blonde, la Haute Reine d'Irlande, qui est à la fois la sœur du Morholt, cette créature fantastique et hideuse qui évoque le minotaure crétois, et une magicienne hors pair. C'est elle qui, à l'aide d'herbes et de plantes dont elle connaît les vertus, et probablement aussi par de vieilles incantations druidiques, scelle le terrible destin de Tristan et d'Iseult, en croyant aider sa fille à aimer Marc'h, son époux légitime. C'est elle encore, qui guérit, par les mêmes procédés sans doute, les blessures de Tristan, lorsque, frappé par l'épieu empoisonné du Morholt, il s'en revient, mourant, porté par les courants, vers l'Irlande qu'il prend pour l 'Autre Monde *"Il convient aussi,* écrit René Louis, *de citer l'anneau de jaspe vert qu'Iseult remet à Tristan, et dont la vertu magique se manifeste durant la nuit de noces du héros avec la fille du duc Hoël, en empêchant la consommation du mariage."*

C'est au moyen de baguettes de coudrier sur lesquelles il a pris soin de graver son nom, que Tristan, reclus, correspond avec sa belle, retrouvant les gestes antiques des druides.

Tous les procédés évoqués jusqu'ici confinent-ils à la "sorcellerie" stricto sensu ? Pas si sûr, si l'on s'en tient à la définition de Dominique Besançon pour qui *"sa sœur pauvre (de la magie), la sorcellerie, ne serait que l'application, sans réelle compréhension, de rituels magiques."* Les druides avaient au contraire, à n'en pas douter, une haute conscience de leur art, de sa maîtrise, de ses applications et de ses objectifs. Tel est encore le cas dans les récits relatifs à la Bretagne alto-médiévale, restée très largement archaïsante et proche par l'esprit et par le comportement, de la société celtique de l'indépendance.

L'anneau de jaspe vert qu'Iseult remet à Tristan, et dont la vertu magique se manifeste durant la nuit de noces du héros avec la fille du duc Hoël, en empêchant la consommation du mariage.

Des prêtresses aux sorcières...

"Boudicca"
(dessin d'Eva Autefault)

Mais à quel monde appartiennent celles à qui les auteurs latins tardifs font allusion, les traitant de "prêtresses" ou de "druidesses", aux IIe et IIIe siècles de notre ère ? Certaines d'entre elles, s'offrant même de dire l'avenir à des personnages romains de haut rang, voire à des empereurs ? Druidesses, vraiment, encore, ces femmes qui errent sur les routes et traînent dans les bouges et les auberges mal famées ? Ou "diseuses de bonne aventure" déjà, comme l'affirme Guyonvarc'h ?

Et ces "tablettes" de plomb, trouvées dans des puits votifs ou dans des tombes, à Chamalières, ou de l'Hospitalet du Larzac, dans la seconde partie du XXe ? Utilisant l'écriture dans un but magique, comme le faisaient les druides anciens, comme le firent probablement Tristan et Iseult pour communiquer, elles appellent au contraire la destruction et le malheur sur des personnages qu'il y a tout lieu de supposer avoir été des adversaires de ceux ou celles qui les ont gravées et jetées là. De deux tablettes rédigées en "gaulois", Pierre-Yves Lambert, directeur de recherches au CNRS, propose les traductions suivantes :

'invoque Maponos arueiatuis par la force des ieux d'en bas ; que tu s... et que tu les tortures oi), par la magie des ieux infernaux : (eux, est-à-dire) Caius Lucius lorus Nigrinus accusaeur Aemilius Paterinus ...), et tous ceux qui jureaient ce faux serment. uant à celui qui l'a juré, ue ce soit pour lui la otale déformation des os roits..." (tablette de hamalières).

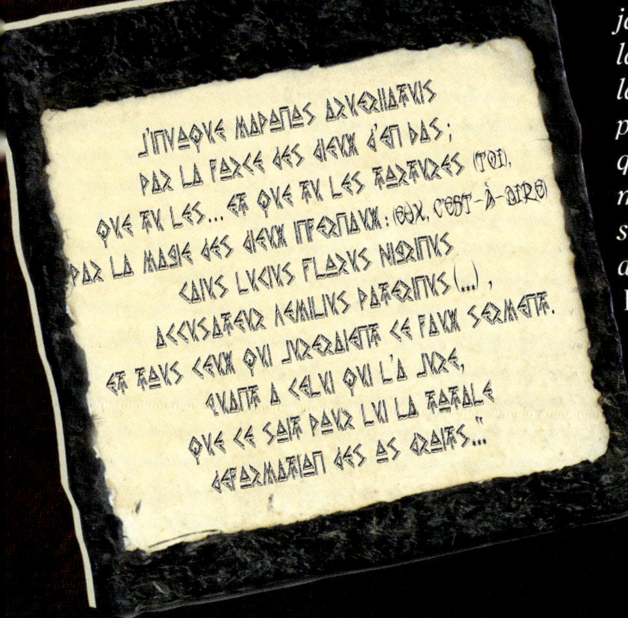

Et :

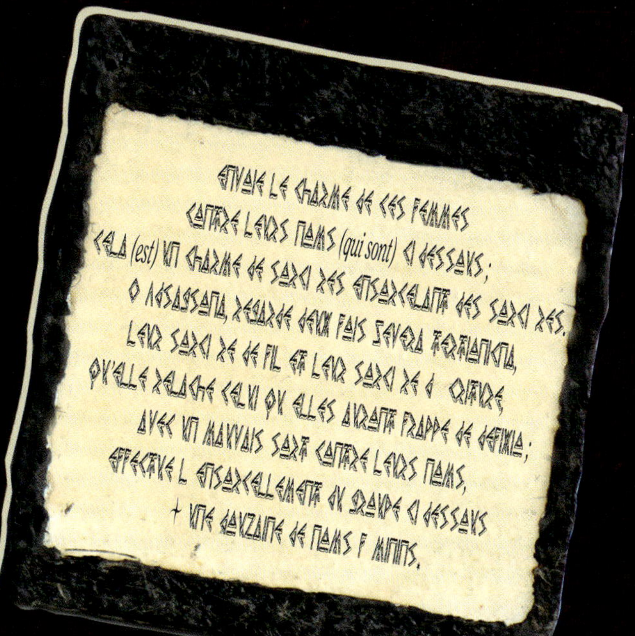

"Envoie le charme de ces femmes contre leurs noms (qui sont) ci-dessous ; cela (est) un charme de sorcières ensorcelant des sorcières. O Adsagsona, regarde deux fois Severa Tertionicna, leur sorcière de fil et leur sorcière d'écriture, qu'elle relâche celui qu'elles auront frappé de defixio ; avec un mauvais sort contre leurs noms, effectue l'ensorcellement du groupe ci-dessous + une douzaine de noms féminins."

Ici on a glissé directement de la magie "blanche" à la magie "noire". Ou de la magie à la sorcellerie. L'écriture est utilisée, comme du temps de la Celtique indépendante, pour un objectif magique, mais cette fois, négatif, puisque dans le premier comme dans le second cas, il s'agit désormais de porter malheur à ceux dont les noms sont gravés sur les tablettes de plomb. Si pour P-Y Lambert, *"nous n'avons ici qu'une imitation servile de la magie latine"*, pour C-J Guyonvarc'h : *"Jusqu'à plus ample informé, il s'agit bien plutôt de sorcellerie que de magie, et s'il y a des sorcières gauloises du Larzac, ce sont à proprement parler de simples jeteuses de sort et nullement des magiciennes de haut vol. (...) On ne redira jamais assez, à ce propos que la magie est la partie inférieure de la tradition et que la sorcellerie (...), n'est, au moins dans les pays celtiques ou anciennement celtiques, qu'un souvenir de la très ancienne magie traditionnelle, la seule au fond, qui soit digne d'intérêt. Elle témoigne plus d'une déchéance que d'une survivance."* Ferment de résistance à la conquête romaine, la classe des druides est persécutée par les empereurs, par ailleurs tolérants au plan religieux et spirituel. Les édits de Claude et de Tibère interdisent, sinon la pratique de la religion celtique, du moins le corps constitué

des “très savants”, équivalent occidental des brahmanes de l’Inde. Dès lors, la Tradition dégénère en magie et la magie en sorcellerie. Le “prince étranger”, dont Théodore Hersart de la Villemarqué parle dans la *Prophétie de Gwenc’hlan*, qui met en scène un druide ou barde aveugle de la fin du Ve siècle, est il vraiment mort *“victime de l’imprécation prophétique du poète”*, comme le prétend l’auteur du *Barzaz Breiz* ? Peut-être bien. Mais plus de quinze siècles après l’époque où la scène est censée se dérouler, il est bien difficile de l’affirmer avec certitude.

Après les persécutions de l’empire romain viennent celle du christianisme qui voit de la sorcellerie et des pratiques superstitieuses partout ou presque. Pourtant, ces légions de saints tous plus sauroctones et thaumaturges les uns que les autres, s’ils s’en prennent à des pratiques populaires jugées, à juste titre, fort peu orthodoxes, s’ils mènent, comme Samson, Tudual, Pol

MŒURS ET COUTUMES BRETONNES
Rochefort-en-Terre (Morbihan). — Naïa, la Sorcière du Vieux Château.

Aurélien ou Efflam, des chasses assidues contre les dragons qui infestent l’Armorique à leur arrivée dans leurs curraghs de cuir et de bois ne persécutent pas les sorciers. Même Patrick, qui évangélisa l’Irlande, ne *“fit aucun procès de sorcellerie”*, nous dit encore Guyonvarc’h et Le Roux, qui ajoutent que *“il a simplement accompli des miracles, formulé des malédictions ou fulminé quelques anathèmes.”* Pas de quoi fouetter une druidesse, ni mettre le feu au lac donc. Pour nos mêmes auteurs : *“L’inquisition médiévale a oublié le fait celtique.”* Et pour Dominique Besançon (Sorcelleries et Diableries de Bretagne) : *“En Bretagne, la répression fut moins forte qu’ailleurs. Et, malgré l’intervention de missionnaires de choc, les prêtres durent composer avec les croyances populaires.”* Tant mieux pour nos ancêtres. Alors que le glaive de Saint Dominique frappe sans relâche en Suisse, en Allemagne, en Belgique, ou en Espagne, il se fait plus clément en France. Et même indulgent en Bretagne. *“Quand Paracelse, à Bâle,* écrit Michelet, *en 1527, brûla toute la médecine, il déclara ne savoir rien de ce qu’il avait appris des sorcières.*

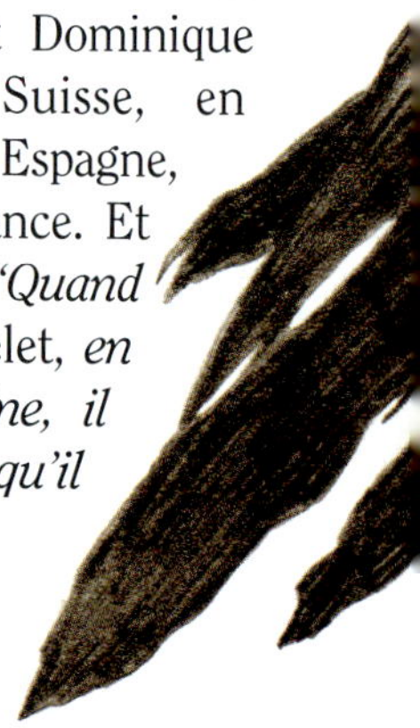

Cela valait une récompense. Elles l'eurent. On les paya en tortures, en bûchers. On trouva des supplices exprès ; on leur inventa des douleurs. On les jugeait en masse. On les condamnait sur un mot. Il n'y eut jamais une telle prodigalité de vies humaines. Sans parler de l'Espagne, terre classique des bûchers, où le Maure et le Juif ne vont jamais sans la sorcière, on en brûle sept mille à Trèves et je ne sais combien à Toulouse, à Genève cinq cents en trois mois (1513), huit cents à Wurtzbourg, presque d'une fournée, mille cinq cents à Bamberg (deux tout petits évêchés !). Ferdinand II lui-même, le bigot, le cruel empereur de la guerre de Trente ans, fut obligé de surveiller ces bons évêques ! Ils eussent brûlé tous leurs sujets !" Rien de tout cela en Bretagne où pourtant, rites jugés superstitieux, cultes des pierres et des arbres, subsistent malgré les décisions des conciles successifs et les condamnations papales.

Licanthropie et sorcellerie

Procès d'un vrai faux lycanthrope...

Pas ou peu de procès de sorcellerie stricto sensu, si ce n'est celui d'un pauvre bougre, nommé Jacques Rollet ou Roulet, accusé en 1598 de lycanthropie. Les lycanthropes, plus connus sous le nom de loups-garous ou de varous, en Normandie, dans le folklore européen, sont des hommes victimes d'un sortilège, qui, à la nuit tombée, se transforment en loups et qui, alors, se mettent en quête de chair fraîche, attaquant et dévorant les êtres humains qu'ils trouvent sur leur chemin. Dans certaines régions, leur comportement est proche de celui des stregoi ou vampires d'Europe orientale ; il s'agit de morts vivants, qui se réveillent au clair de lune et sortent de leur tombe, avant de courir la campagne sous forme de loups. Les prêtres savent qu'ils doivent surveiller attentivement leurs ouailles, même enterrés dans les cimetières, afin qu'ils ne deviennent pas des créatures du démon. S'ils entendent ou voient un malheureux défunt en voie de métamorphose en lycanthrope, ils doivent alors, munis de leur crucifix, cela va sans dire, leur percer le cœur à l'aide d'un épieu bien acéré, leur couper la tête et la jeter dans le fleuve le plus proche. Non morts et non vifs, les lycanthropes ont, durant des siècles, terrorisé les populations européennes. Et leurs procès ont été presque aussi nombreux que ceux des sorcières. Mais si, en Normandie, la tradition populaire ne leur attribue ni mauvais fond, ni crimes odieux et les assimile à de pauvres hères plus à plaindre qu'à blâmer (cf. les ouvrages d'Amélie Bosquet), il n'en va pas de même dans toutes les provinces du royaume de France.

En pays vannetais, le loup-garou est connu sous l'appellation de Begul Nouz, littéralement l' "enfant de la nuit", plus précisément le "pâtre de la nuit". Zacharie Le Rouzic, dans *Carnac, légendes, traditions, coutumes et contes du pays*, en fait une des rares évocations du folklore breton. Plus malfaisant que ses cousins normands, il se rapproche à la fois des *stregoi* et des croque-mitaines : *"Le Begul-Nouz* (bugel-noz en breton unifié), *est le loup garou de nos campagnes. C'est lui qui circule, la nuit, dans les bois, dans les chemins creux et dans les croisements des chemins. Malheur aux enfants qu'il trouverait sur son passage. Ils ne reverraient plus leurs parents. Quand le vent souffle, c'est le Begul-nouz qui crie. Quand la pluie frappe contre les vitres, c'est le Begul-Nouz qui demande à entrer. Les portes et les fenêtres doivent toujours être fermées au coucher du soleil, pour ne pas laisser entrer le Begul-Nouz."*

Quant à ce Jacques Rollet, originaire du village de Treflaincre, "paroiffe de Maurillon en Bretagne", selon un "arrest dv lovp-garov prononcé en robe rouge, l'an 1598" était-il coupable des crimes dont on l'accusa ? Rien de moins sûr, tant le suspect présentait plus de signes de folie que de cruauté. Le rapport du Lieutenant Criminel d'Angers, contre Jacques Roulet, *"Lycanthrope et andropophage, du mois de novembre mil cinq cents quatre vingt dix-huit"* établit que le 5 août précédent, Jacques Rollet *"fut au village de la Route-hallière & Baronie, paroiffe de la Cornouaille avec fon frère et fon coufin & qu'ils eftoient tous trois transformez en loups enquis qu'ils ont mangé cet enfant."* Un adolescent du nom de Michel Cormier. Rollet, probablement soumis à la "question" (torture), avoua encore avoir dévoré l'enfant et *"avoir efté au sabbat & y avoir eu des graiffes, dont il fe frottoit pour devenir loup."* Ici, c'est de vivants et non de morts qu'il s'agit. Et la responsabilité de l'homme-loup, contrairement au folklore normand, paraît pleine et entière, puisque c'est en s'enduisant le corps de graisses, dont on ignore d'ailleurs la composition, qu'il amorce son effroyable métamorphose. Rejugé par la cour d'appel de Paris, Rollet reconnaît, outre Michel Cormier et d'autres pâtres, avoir dévoré *"des charrettes ferrées, des moulins à vent, des avocats, procureurs et sergents, disant que cette dernière viande était tellement dure et assaisonnée qu'il n'avait pu la digérer."* Les magistrats parisiens lui firent même avouer qu'il avait mis à son menu deux de ses juges angevins. Et estimèrent finalement que sa place était davantage chez les fous que sur le bûcher...

Rites de sorcellerie dans le "folklore",

Exit la société celtique indépendante, exit la classe des druides. Pour C-J Guyonvarc'h, *"dès lors que la magie n'est plus utilisée par un initié de haut rang sacerdotal, elle tombe sans rémission à l'état de sorcellerie."* Et pour Chevalier et Gheerbrant : *"la principale fonction du sorcier, comme son nom l'indique, était de jeter des sorts sur les gens auxquels, pour une raison ou une autre, il voulait du mal."*

De ce point de vue, force est de reconnaître que la Bretagne, contrairement à certaines régions voisines comme le Maine, n'est pas un terrain de recherche très riche pour l'ethnologue. Une Jeanne Favret-Saada n'aurait pas fait une très bonne recette si elle s'était immergée, à la fin des années 60, du côté de Kergrist-Moëlou ou de Locarn, au lieu de le faire en Mayenne. Terre de rêve, d'imagination, terre constamment en rapport avec l'Au Delà et avec toutes ses créatures fantastiques, terre du peuple de la nuit, terre de traditions immémoriales et de "superstitions" combattues à la fois par le pouvoir civil et le pouvoir religieux, la Bretagne n'est pas une terre de sorcellerie. Sorciers et sorcières, à part certaines créatures plus douées pour les poses devant l'objectif des photographes n'y sont ni nombreux, ni vraiment dans leur élément.

Est-ce à dire que les rituels de malédiction, les procédés les plus discrets parce que les plus inavouables, y sont décidément totalement absents ? Bien sûr que non. Même si le haut clergé a brûlé beaucoup moins de sorciers qu'ailleurs, préférant consacrer son temps à l'interdiction des plaisirs populaires, comme les danses dans les églises à l'occasion des pardons, la Bretagne n'a pas échappé à ces corpus de magie "noire", qui, il n'y a pas si longtemps, était commun à toute l'Europe des campagnes et pas seulement.

Ni le Anatole Le Braz ni ses informateurs, n'utilisent le terme de "sorcières" ou de "sorciers", réservé aux marchands de cartes postales "folkloriques" de la même époque- fin du XIXe s et début du XXe s – pour qualifier ceux et celles à qui l'on demande, discrètement, de "menus services", pour porter malheur à un voisin indélicat, à quelqu'on dont on estime qu'il vous a fait un tort irrémédiable. Pourtant il semble qu'ils ou qu'elles soient encore nombreux, dans les campagnes bretonnes d'avant la première guerre mondiale, ceux et celles qui sont en rapports constants et étroits avec les forces occultes qui gouvernent le monde de l'invisible. Lorsque l'on veut attirer le malheur sur quelqu'un – ou quelqu'une – que l'on a de bonnes raisons de détester, il "suffit", nous dit Le Braz, qui tient ces propos de la bouche de François Le Roux, de Rosporden, de s'adresser "à une personne expérimentée". Le même François Le Roux prend soin, à l'attention des "clients" éventuels, de préciser qu'il y en a encore "au moins une "dans chaque paroisse. L'envoûteur "professionnel" vous remet alors les "instruments" du sort : un kit composé traditionnellement de quelques grains de sel, de terre du cimetière, d'un peu de cire vierge, d'une araignée attrapée par le demandeur dans un coin de sa propre maison et de quelques rognures d'ongles rongés consciencieusement avec les dents. Le contact du fer leur ôterait inévitablement tout leur pouvoir magique ! Le "plaignant" doit alors porter durant neuf jours, pas un de plus, pas un de moins, un petit

sac dans lequel se trouvent pêle-mêle, les ingrédients du sort, puis, au bout de ce laps de temps traditionnel dans le monde celtique, le placer à un endroit qu'il sait fréquenté par sa "victime" : un lieu bien en évidence, comme le milieu du sentier ou l'aire de la maison de celui dont on veut la mort. *"Votre ennemi le ramasse, croyant avoir trouvé une bourse pleine ; il le palpe, l'ouvre. C'est assez,* conclut Le Braz. *Il mourra dans les douze mois."*

égende

L 'écuelle sous le lit

L'histoire suivante fut contée, en 1896, par Joseph Le Coat, de Morlaix : preuve que ces pratiques aussi discrètes qu'illicites, n'étaient pas connues que du peuple des campagnes, mais trouvaient aussi en ville un terrain d'expérimentation fertile.

Les événements en question se déroulèrent une bonne vingtaine d'années plus tôt, dans la première moitié des années 1870, à l'époque, peu ou prou, où le barde morlaisien Tristan Corbière écrivait ses immortelles *Amours Jaunes...*

La femme de chambre d'une jeune personne de la bonne société morlaisienne eut la surprise de découvrir, un beau matin, sous le lit de sa maîtresse une écuelle qui, à première vue, était remplie de sable. Vidé sur le parquet, le contenu révéla également la présence d'œufs, d'épingles et de petits fragments d'os. Quelle pouvait donc être la signification de cet objet étrange ? Quelle main, masculine ou féminine, avait bien pu glisser le tout sous le lit de la bourgeoise ? Et dans quel but ?

Pressée par sa maîtresse d'effectuer une enquête discrète dans le voisinage, la *vatez*, ne tarda guère à revenir à la maison, avec une bonne moisson d'informations : le maître, avant d'épouser la maîtresse, avait eu une liaison avec une certaine Catherine Jagoury, employée à la manufacture de tabac. La rumeur murmurait même qu'il l'avait abandonnée après lui avoir fait un enfant... Quoi qu'il en fût, la cigarière en conçut une colère froide et terrible et jura d'obtenir, coûte que coûte, vengeance et réparation de l'outrage. *"Le coup de l'épingle sous le lit,* écrit Le Braz, *cachait évidemment un sortilège quelconque et qui ne pouvait avoir été imaginé que par la jeune fille délaissée."*

N'écoutant que son courage, et sans doute aussi un peu sa colère, la "bonne" fila au commissariat de police. La coupable présumée fut convoquée sur l'heure. Persuadée que celle sur laquelle elle avait attiré le malheur avait rendu – enfin – son dernier soupir, la "voueuse" avoua son forfait et s'écria : *"Eh bien oui, c'est moi ! Il m'avait donné sa parole... Elle n'avait qu'à pas l'épouser !"*

Interrogée sur le contenu du bol, la malheureuse se montra tout aussi coopérante : *"Il y avait ce qu'il fallait : du sable du cimetière, trois coques d'œufs frais pondus par trois poules différentes, deux épingles en croix et des morceaux de reliques. Voilà. J'ai prononcé la formule sur le tout...*

– Quelle formule ?

– Allez la demander à celle qui me l'a apprise..."

L'affaire se termina au mieux pour tout le monde, la victime ayant échappé à la mort grâce à sa domestique et Catherine à la prison. Le crime de "sorcellerie" n'étant pas homologué par les tribunaux de la République, elle s'en tira avec une mise en garde et une sérieuse admonestation. "Ne recommence pas, souffla le commissaire. Celle pour qui vous l'avez invoquée se porte à merveille, heureusement pour vous !"

Le bag sorserez, un “bateau de sorcières”...

L’île de Sein vue de la Pointe du Raz

L’expression “celle qui me l’a apprise”, utilisée par Catherine corrobore les notes du collecteur. Statistiquement, les “voueuses” “professionnelles” sont bien plus nombreuses que leurs confrères masculins. La proportion est-elle restée inchangée depuis que Michelet écrivait, en 1861 : *“Pour un sorcier, dix mille sorcières !”* ? Vraie aux yeux d’une Église pour qui, depuis l’Ancien Testament, la femme est la tentatrice et la coupable idéale, la constatation l’est-elle encore dans le “folklore” du XIXe siècle ?

C’est bien possible, car c’est encore de femmes et non d’hommes qu’il est question sur l’île de Sein, nom moderne et français d’Enez Sun en breton et peut-être bien de la fameuse Sena évoquée près de vingt siècles plus tôt par Pomponius Mela. Vers la fin du XIXe siècle, les “prêtresses” de l’auteur latin n’ont peut-être pas entièrement disparu. Guère plus que la fameuse Morgane, la sœur du roi Arthur, avatar plus ou moins déclaré d’Ahès-Dahud, la “bonne magie”, la fille du roi Gradlon qui demanda à son père de lui construire, un peu plus loin à l’est, dans la baie de Douarnenez, une ville conquise sur les flots. D’ailleurs, les pêcheurs du pays, refusant avec obstination la mort – mais comment une créature de l’Autre Monde pourrait-elle périr – et la disparition de Dahud, assurent qu’elle hante toujours les flots, dans les parages du Raz de Sein, nageant entre deux eaux et peignant à longueur de journée ses longues boucles blondes…

Pas de poitrine sensuelle et opulente, encore moins de boucles blondes ou d'yeux bleus à damner Saint Gwenole lui-même, chez ces vieilles sans dents qui exercent un bien étrange sacerdoce sur ces quelques arpents de terre chahutés par les tempêtes et où, quelque vingt siècles plus tôt, Procope situait l'embarcadère pour l'Autre Monde…

Le sabbat

Ce sont de vieilles femmes en noir qui ont selon la vox populi, reçu à leur naissance, le don de vouer. *"On ne les nomme pas tout haut,* écrit Le Braz, *mais on les connaît. Elles ont, dit-on, commerce avec les mauvais Esprits des eaux qui les admettent, la nuit, aux sabbats de la mer."* Des sabbats auxquels elles se rendent dans une embarcation singulière, le *bag-sorserez,* ou "bateau-sorcier" : une sorte de grande manne d'osier qui d'ordinaire leur sert, sur le plancher des vaches, à récolter le goémon. Une véritable coque de noix dans laquelle elles osent affronter les colères de l'océan et les courants les plus violents des mers occidentales. Celles que l'on connaît à Sein sous le nom générique de *groac'hed ar sabbat,* les "vieilles" ou les "sorcières" du Sabbat, se rendent alors, à leurs coupables assemblées, à croupetons dans leur minuscule esquif dont le *baz bezin,* le "bâton à goémon", tient opportunément lieu de gouvernail. Et d'aviron.

C'est à elles que s'adressent, avec une discrétion nécessaire, les femmes de l'île qui souhaitent la mort d'un ou d'une de leurs adversaires. Le plus souvent, le pacte inavouable est scellé derrière une imposante masse de rochers connue sur l'île du nom d'Iliz, l' "église", située à mi chemin du bourg et du phare.

Aussi condamnables que nous paraissent aujourd'hui ces rituels occultes, les requérantes sont persuadées d'avoir le bon droit de leur côté, et de demander en quelque sorte à la justice divine de frapper le voleur, le traître ou le parjure. *"Combien de temps lui accordes-tu pour se repentir du tort qu'il t'a fait et pour le réparer ?"* s'enquiert la *groac'h* à celle qui s'en remet à ses services assez peu conventionnels. La demanderesse précise alors le délai souhaité, le tarif de la "commission" étant inversement proportionnel, on s'en doute, à l'importance du laps de temps consenti à la victime présumée du sort.

La voueuse doit se rendre par trois fois – chiffre lui aussi sacré et magique dans la Tradition celtique – au fameux "sabbat de la mer" et remettre, à chaque fois aux démons marins, un objet appartenant à celui qu'il s'agit de faire disparaître. Si, à la date de l'échéance, le "coupable", ou la "victime" selon le côté où l'on se trouve ne s'est pas repenti et n'a réparé le tort supposé, il a toutes les chances – ou plutôt tous les risques – de périr en mer à bord de son bateau…

La mort d'Arthur

Sant Erwan-ar-Wirionez/Saint Yves de vérité, un saint pas très…catholique

Les Trégorrois savent bien, de temps immémorial, qu'il existe un autre moyen, un moyen sûr, infaillible, imparable, de se débarrasser d'un ennemi. C'est de s'en remettre aux bons services de Sant Erwan-ar-Wirionez, autrement dit : Saint-Yves-de-Vérité. La face sombre et ténébreuse, inanouable, le côté maléfique de ce Sant Erwan, cet Yves Hélory de Kermartin, né au milieu du XIIIe siècle dans un petit manoir de Minihy, à quelques encablures de Tréguier, qui exerça les charges de recteur des paroisses de Tredrez puis de Louannec, avant d'être nommé official à Tréguier et de multiplier les actions de grâces pour les pauvres, de prendre parti, courageusement, pour les faibles contre les puissants, pour les miséreux contre les riches, pour les déshérités contre les seigneurs. Mort en odeur de sainteté, en 1303, dans la cité épiscopale du Trégor, Yves Helory de Kermartin fut canonisé en 1347, au terme d'une enquête pontificale de dix-sept ans. Un record de rapidité pour l'époque, bien en rapport avec l'impression qu'avaient faite sur ses contemporains son haut degré de spiritualité, son sens du partage et l'amour de son prochain vécu au quotidien. La haute considération dans laquelle il fut tenu de son vivant et le respect universel qui, après sa mort, entourèrent son souvenir, lui valurent de devenir à la fois le saint patron des Bretons et celui des avocats, ce qui n'est pas une mince reconnaissance.

Chef de Saint-Yves / Sant Erwan

Seulement voilà, autant ce Sant Erwan là, l'official officiel de la saint Église apostoloque et romaine, celui dont on sort le chef, chaque année pour le pardon du 19 mai, célébré jour où Dieu décida de le rappeler à lui, apparaît propre sur lui, rayonnant, présentable et lumineux, autant son "frère" de l'ombre, son double, semble honteux . Enfin presque…

Car en Bretagne, comme ailleurs, tout est question de degré de conscience… Le philosophe Ernest Renan, bien que né à Tréguier au foyer d'un officier de marine marchande, ne semble pas effrayé par le personnage. Ni particulièrement contrit d'être allé le visiter, en culottes courtes, tenant sa mère par la main, avec la même désinvolte bonne conscience, qu'il serait allé rendre un culte légitime à sant Herbot, sant Maodez, ou sant Weltaz.

Dans *ses Souvenirs d'enfance et de jeunesse,* il écrit benoîtement et sans fioritures : *"Saint Yves était l'objet d'un culte encore plus populaire* (que la Sainte Vierge, note de l'auteur). *Le digne patron des avocats est né dans le minihy de Tréguier, et sa petite église y est entourée d'une grande vénération. Ce défenseur des pauvres, des veuves, des orphelins, est devenu dans le pays le grand justicier, le redresseur de torts. En l'adjurant avec certaines formules, dans sa mystérieuse chapelle de Saint-Yves-de-Vérité, contre un ennemi dont on est victime, en lui disant : "Tu étais juste de ton vivant, montre que tu l'es encore", on est sûr que l'ennemi mourra dans l'année. Tous les délaissés deviennent ses pupilles. A la mort de mon père, ma mère me conduisit à sa chapelle et le constitua mon tuteur. Je ne peux pas dire que le bon saint Yves ait merveilleusement géré nos affaires, ni surtout qu'il m'ait donné une remarquable entente de mes intérêts, mais je lui dois mieux que cela ; il m'a donné contentement, qui passe pour richesse, et une bonne humeur naturelle qui m'a tenu en joie jusqu'à ce jour."* On comprend que Renan, esprit libre et ouvert, ait fait l'objet d'une mise à l'index d'un haut clergé particulièrement sourcilleux. Le patronage, pire le "tutorat" de Saint-Yves-de-Vérité ne pouvait, aux yeux du Vatican, et de l'archevêché, qu'ouvrir au philosophe trégorrois les sentes maléfiques et O combien dangereuses qui mènent directement en Enfer. Renan n'en prend pas ombrage. Par cet aspect frondeur, mi espiègle mi narquois, un brin irrévérencieux face au pouvoir des hommes et à celui de Dieu, il est bien un fils de ces Trégorrois qui apparaissent si libres et si insolents à leurs voisins Léonards !

Car saint Yves de Vérité n'est pas n'importe qui, on s'en doute !

Héros d'un culte discret, sinon secret, officieux plus qu'officiel, il avait son sanctuaire sur un coteau boisé tandis que l'autre, le Sant Erwan reconnu par le Vatican, prenait ses aises en pleine ville.

C'est sur la paroisse de Trédarzec, séparée de celle de Tréguier par le Jaudy, qu'on allait implorer ce petit saint bien peu catholique. En face du quai de Tréguier, près d'un ossuaire de granit qui fut ajouté au XVIIIe siècle. Sa chapelle tomba en ruines peu à peu, mais l'ossuaire lui survécut. L'ossuaire disparu à son tour, on continua de venir trouver Sant Erwan-ar-Wirionez pour l'implorer, même lorsqu'il fut enfermé précautionneusement à l'intérieur de la cour du presbytère, par le recteur Kerleau, à la fin du XIXe siècle.

Selon une informatrice de Le Braz, Mme Longeard, de la Roche-Derrien, il aurait même existé un autre oratoire dédié au petit saint qui sentait le soufre. Il se serait trouvé à la sortie du village de La Roche-Derrien, sur la route de Langoat. Selon la même Mme Longeard, les statues de Saint-Yves-de-Vérité se seraient distinguées des autres, les "officielles", par l'extrême longueur du médius de leur main droite...

Celui qui entend s'adresser à Sant-Erwan-Ar-Wirionez ne le fait pas lui-même. Il opère, comme à Sein, par l'intermédiaire d'une "voueuse" professionnelle, l'une de ces vieilles femmes qui ont commerce avec les forces occultes. Contre une juste rémunération, la vieille accomplit alors le rituel qui seul, permet d'obtenir de l'étrange personnage que le vœu soit exaucé. C'est elle qui aura soin de glisser un liard dans le sabot de celui contre lequel elle requiert la sentence fatale. Elle encore qui fait à jeun trois pèlerinages consécutifs à la maison du saint, obligatoirement le lundi. Arrivée sur place, elle doit empoigner l'effigie de Saint Yves par l'épaule et le secouer en lui disant :

"Te a zo Zantik ar Wirione. Me a westl dit heman. Mar man ar gwir a du gantan, condaon ac'hanon. Met mar man ar gwir war du ganin, gra d'ez-han merwel a-berz enn termenn rik. (Tu es le petit saint de la vérité (Zantik-ar-Wirioné). Je te voue untel. Si le droit est pour lui, condamne-moi. Mais si le droit est pour moi, fais qu'il meure dans le délai rigoureusement prescrit)."

Ou bien encore :

"Aotrou sant Erwan ar Wirioné
A oar deus an eil hag egile,
Lakit ar gwir e lec'h ma emañ,
Hag an tort gant an hini emañ gantan."

(Monsieur Saint Yves de Vérité
qui savez le pour et le contre
Mettez le droit où il doit être
Et le tort avec celui qui l'a.)

Essentiels, dans ce rituel long et compliqué : trois signes de croix, pratiqués de la main gauche et la triple circumambulation levogyre autour de l'oratoire du saint. *"En marchant en sens inverse du soleil, comme cela se pratique pour les morts"*, explique à ses commandidaires, la vieille Anna Rouz, de Péderneg, voueuse et pèlerine par procuration. Un rituel qui renvoie sans aucun doute à tous ces rituels de malédiction de la Celtie ancienne, lorsque par exemple, les guerriers, pour porter malheur et disharmonie à leurs adversaires, voire pour les frapper de folie, tournaient autour d'eux en leur présentant leur flanc gauche.

Saint-Yves entre le riche et le pauvre

Sant Erwan-ar-Wirione n'est pas un de ces saints officiels et en odeur de sainteté au Vatican. C'est même tout le contraire. Son culte, assimilé à toutes les "superstitions" combattues de longue date par le haut clergé comme par les autorités civiles, sent un peu, et même beaucoup, le soufre. Interdit, comme le fut la soule, *ar vellad* en breton, par l'épiscopat, à la fin du XIXe siècle il a toujours ses fidèles et ses servantes, comme autant de vestales d'une religion primitive. Le peuple y tient dûr comme fer, persuadé, comme la mère d'Ernest Renan, non de sacrifier à des rites sataniques ou de s'adonner à une variante locale de sorcellerie ou de magie noire, mais au contraire, d'agir au nom de la justice universelle. C'est qu'en un temps où celle des hommes est – tout au contraire de celle d'aujourd'hui bien évidemment ! – engoncée dans des préjugés idéologiques et corsetée par des intérêts de classe, Sant Erwan-ar-Wirionez apparaît comme le réparateur des "erreurs", des partis-pris et des jugements iniques des robins. Et partant, sorte de Robin des Bois naïf, comme le réparateur des injustices. L'on accepte à l'avance le risque et la possibilité d'erreurs d'évaluation et d'estimation de ses fautes. L'adversaire est dans son tort : il dépérit par la volonté du saint et donc de la justice divine. Le demandeur se trompe, lui cherche une mauvaise querelle : c'est lui qui est frappé, pour avoir dérangé à tort le petit saint polychrome qui ne connaît guère la pitié, mais seulement le "vrai" et le "droit". Du reste en breton, ces deux notions sont étroitement confondues. Sant Erwan ar Wirionez pourrait se traduire aussi justement par Saint-Yves-de-Vérité que par Saint-Yves-du-Droit. Il est réellement, sur un plan magique et implacable comme un dieu païen, le continuateur d'Yves Hélory de Kermartin, l'official de Tréguier et l'avocat des pauvres. Et nul à part les puissants, ne songerait à y redire.

Le fameux recteur Kerleau, celui qui fit enfermer la statue dans le presbytère de Trédarzec, l'apprit à ses dépens. Un jour, un homme et une femme, harassés, couverts d'une épaisse poussière, se présentèrent au village. Visiblement, ils avaient parcouru une longue distance à pied et le motif de leur pérégrination était à leur yeux d'une importance capitale. Les deux pauvres hères s'adressèrent à un tailleur qui eut vite fait de leur expliquer que, depuis l'an passé, le fameux Kerleau avait enlevé le saint et envisageait même de faire raser son oratoire. *"Alors*, murmura la femme, d'un ton navré, *le recteur de Trédarzec ne veut donc pas qu'il demeure une justice en ce monde pour les pauvres gens !"*

Les malheureux ne se le tinrent pas pour dit et estimèrent n'avoir pas fait dix-huit lieues à pieds pour se heurter à une fin de non recevoir. Ils se dirigèrent d'un pas confiant vers le presbytère où le recteur leur réserva un accueil… mitigé.

"Ah ! Je comprends, leur dit-il, après avoir entendu le motif de leur requête. *Vous êtes encore de ces païens qui déshonorent la religion en la faisant servir à des pratiques de sorcellerie ! Eh bien, je ne veux pas de ça moi ! Hors d'ici !"* Joignant le geste à la parole, et afin d'aider les deux visiteurs à débarrasser plus vite le plancher ciré du presbytère, Kerleau, qui avait le pied aussi leste que la main, saisit l'homme par le collet pour le propulser dehors et administra à la femme un si solide coup de pied dans le fondement qu'elle alla rejoindre illico presto son compagnon d'infortune.

A peine remise sur ses pieds, la bonne femme se retourna, menaçante, vers le prêtre et lui dit d'un ton où la colère le disputait à la rancœur *"Mauvais ministre de Dieu, de par celui que tu retiens prisonnier là-haut, parmi les fagots, les toiles d'araignée, les vieilles poussières et les rats, pour l'empêcher de frapper les forts et de venger les faibles, je t'annonce que le geste que tu viens de faire, si mal à propos, tu ne le recommenceras plus de ta vie."* Saint Yves entendit-il la supplique de la vieille ? Souhaita-t-il rétablir la justice là où régnait l'injustice ? Le prêtre céda-t-il au contraire à la panique et à ce que nos modernes médecins appelleraient de l'auto-suggestion ? Toujours est-il que le triste sire sentit ses jambes lui manquer et qu'à partir de ce jour et jusqu'à son dernier soupir, lui, jusque là si robuste et si vaillant, ne se traîna plus que misérablement.

Mais qui, oui, qui était-il vraiment ce petit saint de bois polychrome, aussi raide qu'un dieu païen sur son autel, aussi implacable qu'Esus ou que Taranis ? C'est le Lannionais Charles Le Goffic qui en fit l'analyse la plus fine et sans doute la plus pertinente : *"Le vieux fond celtique et païen,* écrit-il dans *Le Crucifié de Keraliès, reparaît facilement chez les Bretons sous le vernis, déjà si fortement écaillé de l'éducation romaine."* Voilà en tous cas des propos qui rejoignent étrangement ceux d'un Renan qui estime dans *ses Souvenirs d'enfance et de jeunesse* que : *"le riche n'est pas très bien considéré ; on estime beaucoup plus l'homme qui se consacre au bien public ou qui représente l'esprit du pays"* et que *"aucune race n'a le sentiment religieux plus indépendant".* Alors, saint Yves de Vérité, saint Yves du droit, sant Erwan-ar-wirione, héritier direct de ces dieux anciens, petits ou grands, célèbres ou intimes, à qui s'adressaient les Bretons ? Peut-être bien. C'est en tous cas l'avis de Yann Duchet qui dans une étude approfondie, estime que ce culte de Saint Yves de Vérité constitue une sorte d' "ordalie" ou de jugement de dieu, conforme à l'esprit médiéval, que *"la vérité est la valeur suprême dans le monde indo-européen"* et, pour tout dire, que *"Sant Erwan ar Wirionez n'est pas plus "maléfique" que An Aotrou Sant Erwan." "Qu'il est simplement plus terrible parce que plus efficace, plus cosmique, plus éloigné des sentiments humains."...*

Livres sorciers

Est-ce encore un reste de paganisme ? Un souvenir de ces temps où l'écriture ne servait qu'à des usages sacrés, magiques et divinatoires ? Un temps où les oghams, gravés sur les tablettes de bois ou sur l'arête des pierres avaient un pouvoir réel plus que symbolique ? Peut-être bien. En tous cas, jusqu'au début du XXe siècle, en Basse Bretagne, on était persuadé, ou plutôt on savait bien, on savait pertinemment que certains livres avaient d'étranges pouvoirs que les hommes n'avaient pas. Tel était le cas de *l'Agrippa*. Un nom qui faisait trembler au fond des chaumière, perler sur les tempes des gouttes de sueur froide, et dont l'évocation seule suffisait à donner des nuits blanches à plus d'un paysan. Car *l'Agrippa* était un livre… vivant ! Et des plus vivants ! Un livre qui semblait directement venu du fin fond de l'Enfer et dont tout un chacun se méfiait à juste titre. Très connu au pays de Tréguier, *l'Agrippa* se présentait sous la forme d'un gros ouvrage aux caractères d'imprimerie noirs sur fond rouge. Ce n'était évidemment pas un objet anodin. Aussi, pour ne pas le laisser à la portée de la main des enfants ou des âmes fragiles, on le suspendait d'ordinaire, au moyen d'une chaîne résistante, à la plus forte poutre de la pièce où il était enfermé. Encore convenait-il que cette poutre ne fût pas droite, mais tordue. Jadis, seuls les prêtres, experts en exorcismes, possédaient un *Agrippa* en leur presbytère. Mais il semblerait qu'à la fin du XIXe siècle, certains gros fermiers en étaient équipés. C'est que les ecclésiastiques qui durent émigrer, du temps de la grande Révolution, pour éviter la guillotine, les leur avaient confiés par mesure de précaution. Beaucoup ne revinrent jamais et les *Agrippas* demeurèrent ainsi entre des mains profanes. Le problème c'est que ces terribles grimoires n'acceptent pas si facilement de se séparer de leurs maîtres ! Un certain Loizo-goz, de Penvenan, l'apprit à ses dépens. Il possédait un *Agrippa* qui l'embarrassait et dont il souhaitait ardemment se séparer. Un jour, il trouva un acquéreur en la personne d'un paysan de Plouguiel qui devait se croire plus fort et plus habile que ses congénères.

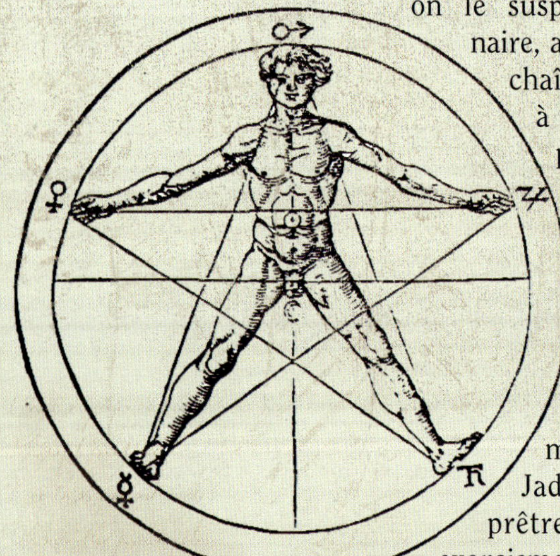

Loizo Goz se décida donc à déménager l'encombrant ouvrage, le détacha de la poutre maîtresse de sa demeure et le traîna, contre son gré, jusqu'à son nouveau maître. Le bougre se débattit comme un beau diable, et fit un tel vacarme, en traversant le bourg de Plouguiel, qu'on l'entendit jusqu'à Tréguier. Mais Loizo-Goz était bien décidé à ne pas se laisser faire. Il tira sur la chaîne avec tant de vigueur et de conviction qu"il finit par arriver chez l'acquéreur. S'étant débarrassé du livre, il prit le chemin de sa maison, l'âme en paix et le cœur joyeux d'être enfin, et à peu de frais, délivré d'un si terrible compagnon. Mais, à peine eut-il fermé la porte de sa chaumière, il fut pris d'une frayeur terrible et d'une colère irrépressible : l'importun était revenu, tout seul, par grèves et par landes, et avait repris sa place au plafond, comme une chauve-souris le fait dans sa caverne.

Que faire ? Le malheureux Loizo Goz examina le problème sous toutes ses coutures et résolut de brûler le livre maudit. Il fit, dans son champ, un grand, un magnifique feu d'ajoncs qui aurait grillé un bœuf en moins de temps qu'il ne faut pour le dire. Hélas, comme s'il s'était agi d'un saint personnage des temps glorieux du christianisme, les flammes s'écartaient de *l'Agrippa* et semblaient refuser de le consumer ! Loizo Goz décida alors de prendre la barque avec laquelle il allait parfois à la pêche, hissa la lourde voile de coton huilé, vogua aussi loin qu'il put, là-bas, derrière le gouffre de Plougrescant, et jeta dans l'abysse le livre qu'il avait pris soin d'enchaîner et d'alourdir d'énormes blocs de pierre. Le pauvre Loizo Goz, satisfait de sa sinistre besogne, avait à peine hissé sa barque sur le sable qu'il entendait derrière lui un furieux bruit de chaîne heurtant les galets de la grève. Il n'eut pas le temps de se retourner ; *l'Agrippa* le dépassait, filant à la vitesse de l'éclair en direction de sa pauvre chaumière. En rentrant chez lui, épuisé et découragé, il trouva le livre suspendu, la "tête" en bas, tous les feuillets aussi secs que s'ils n'étaient jamais sortis de la ferme.

C'est que *l'Agrippa* a du caractère. Et du tempérament. Et évidemment un savoir inépuisable ou presque. Chaque exorciste de Basse Bretagne sait bien qu'il contient les noms de tous les diables sinon de la création, du moins du pays, et le moyen de les évoquer. Ce à quoi se risquent les vieux prêtres à la fois sages, savants et que l'expérience a rendus forts et résistants. Ainsi, les *beleien* qui viennent de célébrer un enterrement, s'ils veulent savoir ce qu'il adviendra de l'âme de celui à qui ils ont rendu les derniers hommages, consultent le terrible ouvrage, appellent tous les démons qu''il énumère et les interrogent un à un.

– As-tu pris l'âme d'untel ?

Si tous répondent catégoriquement par la négative, c'est que l'âme du trépassé est sauvée. Dans le cas contraire, hélas, il n'y a plus rien à faire… Pour congédier les créatures, le prêtre doit les énumérer de nouveau, mais en commençant par la fin de la liste. C'est un exercice difficile auquel les jeunes gens fraîchement sortis du séminaire ne sont pas bien rompus. Et les sacristains, on s'en doute, encore moins ! Un bedeau de Pluguffan l'apprit un jour à ses dépens : profitant de l'absence du recteur, il avait ouvert *l'Agrippa* et invoqué les démons. Hélas, il n'avait pas su les congédier. Lorsque le prêtre revint de sa tournée, il vit le livre grand ouvert sur la table du presbytère, à la page des diables. Il ne fut pas long à comprendre le drame qui venait de se jouer en son absence. Il se mit alors à réciter la kyrielle de noms en commençant par le dernier. Au bout de quelques instants, le bedeau reparut, mais dans un piteux état : il avait le visage noirci et le poil de la tête tout roussi. Il revint au monde des vivants, mais la terreur qu'il avait conçue était si intense qu'il perdit l'usage de la parole et que personne ne sut à quoi l'Enfer ressemblait exactement…

Professions à risques

"Les ruses des jongleurs, des caperleta, des bonzes, des brachmanes, des hiérophantes, de tous les charlatans de l'univers, ont leurs analogues en Bretagne", écrit le citoyen administrateur Jacques Cambry, dans son *Voyage dans le Finistère*, avant d'ajouter que : *"jamais le développement de leurs absurdités ne put s'opérer avec plus de succès que chez ce peuple infortuné"* et qu'ici : *"les mœurs et la manière de vivre des temps les plus anciens se sont conservés sans altération"*. Voilà, dans les grandes lignes, dressé le tableau de la Bretagne de la fin du XVIIIe siècle et du début du suivant : un pays où règnent les superstitions les plus archaïques et les croyances les plus anachroniques, du moins aux yeux d'un monsieur si sûr des Lumières que la Révolution est chargée de dispenser à des populations demeurées dans des ténèbres si opaques.

Selon Cambry toujours, les rites de sorcellerie et les croyances qui les accompagnent, sont partout ou presque, sur la vieille terre de Merlin.

Parmi ceux que la vox populi accuse d'entretenir un commerce zélé, opiniâtre et assidu avec les forces occultes qu'on ne nomme pas, par crainte de les déclencher : les *cacous, cacoux* ou *caqueux*. Des parias, ou "proscrits" selon Cambry, des descendants des lépreux du Moyen Age qui, bien que sains dans leur grande majorité, à l'époque où l'Administrateur du Finistère rédige son témoignage sur la Bretagne populaire, continuent à vivre à l'écart du bourg et à confectionner des cordes : la seule activité qui leur fut autorisée par le bon duc François II. *"Ces hommes,* écrit Cambry (...) *furent l'objet de mille contes extravagants : ils vendaient des sachets qui préservaient de tous les maux, jetaient les mauvais vents, donnaient des herbes dont la vertu faisait vaincre à la lutte, à la course ; ils vous prédisaient l'avenir."*

Dans un autre passage de son célèbre rapport, Cambry, toujours à propos de cette corporation un peu maudite, enfonce le clou : *"Ces cacous sont à la Bretagne ce que sont les parias à l'Inde : ils ne s'allient qu'entre eux. L'entrée des églises leur était jadis défendue. Ils passent pour sorciers, vendent des talismans qui rendent invulnérables, des sachets à l'aide desquels on est invincible à la lutte."*

Cette réputation, établie à Quimperlé, selon Cambry, et dans les cantons environnants, s'étend sinon à toute la Bretagne, du moins au pays Vannetais, à en croire Zacharie Le Rouzic, qui effectua un important travail de collectage autour de Carnac, un siècle après la publication de *Voyage dans le Finistère.* A en croire ce personnage qui fut aussi l'un des premiers à fouiller, de manière scientifique, les cairns et autres

allées couvertes du Morbihan, pour les populations vannetaises, les cacous ont encore en ce début de XXe siècle, conservé l'essentiel de leurs étranges pouvoirs : *"certaines personnes, notamment les cacous, descendants des lépreux, ont le pouvoir d'ensorceler les gens et de leur communiquer des maladies de langueur par leur simple regard. Ils peuvent même guérir beaucoup de maladies."* Un peu plus loin, dans son *Carnac, légendes, traditions et contes du pays*, notre collecteur ajoute : *"leur sang est noir et ils peuvent cuire une pomme sous leur aisselle."* Voilà en effet de redoutables pouvoirs ! D'autant que le Rouzic précise encore qu'ils peuvent notamment guérir les dartres en "décomptant" (comptant à rebours) et nécessairement en breton !

Les *cacous*, qu'ils soient descendants de Juifs et reconnaissables, au moins du temps du duc François II, à une marque de drap rouge apparent sur leurs robes, ou de lépreux du Moyen Age, ne sont pas les seuls à fournir les gros bataillons de sorciers et de sorcières présumés. Comme dans nombre de régions d'Europe, les "bohémiennes" ont hérité des druidesses antiques- ou des brahmanes de l'Inde ? - la faculté de divination. Dans le récit de Le Braz *La foire grasse*, qui se déroule entre Plestin et Tréguier, trois larrons quelque peu espiègles qui se rendent à la capitale épiscopale du Trégor avec la ferme intention de faire bombance sur le dos d'autrui, font la rencontre de l'une de ces "diseuses de bonne aventure" accroupie sur le placitre d'une église et occupée à faire rissoler des pommes de terre sur un réchaud, entre les brancards de sa roulotte.

"Job an Ankou l'interpella :

Naïa, célèbre sorcière de Rochefort-en-Terre

– Hé ! femme, tu dois être un tantinet somnambule ou devineresse, n'est-ce pas ?

– Je lis dans les cœurs et dans les étoiles, répondit-elle, en écartant sa couvée... C'est deux sous le grand jeu.

– Elle tendit vers le tailleur sa main sordide. Celui-ci y déposa une pièce de cuivre.

– Je voudrais que tu m'apprennes où je serai après demain à pareille heure.

La femme mouilla son index gauche, le dressa en l'air et dit d'un ton grave :

– le vent souffle vers Tréguier... Si tu n'y es pas, tu seras en route pour t'y rendre, et tu ne seras pas seul."

Un chaudron sur le feu, le doigt mouillé dressé en l'air, le vent qui joue les intercesseurs : difficile de ne pas rapprocher cette drôle de prophétesse de la fée Keridwen, mère du Guyonbac'h de la mythologie galloise... et de ne pas penser que cette "bohémienne" est peut-être bien une lointaine descendante de "druidesse" gauloise...

A en croire Cambry, en tous cas, la divination semble un art aussi couramment pratiqué dans la Bretagne de cette fin de XVIIIe siècle qu'à l'époque de Merlin et de Taliesin. Les paysans, dans plus d'un canton, se transforment, dès le soc de la charrue posé, en "prophètes" qui n'ont eux-mêmes rien à envier aux "bohémiennes" de le Braz : *"Il existe encore, dans les environs de Plougasnou, un genre de divination : des sorciers interprètent les mouvements de la mer, des flots mourans sur les rivages, et vous prédisent l'avenir."*

Sorciers ? Devins ? Bardes ? Héritiers plus ou moins lointains des druides de Bretagne et d'Armorique ? Le saura-t-on jamais. Mais si la sorcière "maléfique", celle qui se transforme en chat noir et enfourche son balai pour se rendre au sabbat, apparaît bien rarement en Bretagne, ces sorciers "populaires" semblent être légion, sans que le peuple s'en offusque le moins du monde. Ne sont-ils pas des membres, et a fortiori des membres respectés bien que légitimement craints, de la communauté ? Sorcières, encore, les sages-femmes qui par empirisme, ont acquis la capacité d'aider leurs congénères à mettre au monde un jeune Corentin ou un petit Tudual.

"Les sages-femmes ne sont pas seulement, pour les paysans de l'Armorique, des êtres supérieurs, par le savoir qu'il leur suppose, écrit Alexandre Bouët. *Elles passent même à ses yeux pour être un peu sorcières."*

Une sorcière de pacotille, on s'en doute, pour l'esprit fort d'un Bouët, saint Simonien dans l'âme, et aussi hostile aux "superstitions" des Bretons qu'attaché résolument à leurs traditions... *"Ici, nous voyons la sage-femme, premier fléau que rencontre notre jeune Bas-Breton, à son entrée dans le monde, occupée à pétrir et façonner sa tête, dont elle prend la forme momentanément allongée pour une incorrection de la nature. Sans se douter du danger ou tout au moins de l'inutilité de ses efforts, la prétendue sorcière s'obstine à l'arrondir, et, par sa stupide brutalité, arrache des cris de douleur à cette frêle créature à peine âgée de quelques minutes."*

Un corset de protections du berceau à la tombe

Protection du nourrisson

C'est que toute la vie du Breton armoricain, au XIXe siècle, et dans une large mesure jusqu'à la première guerre mondiale, est enserrée dans un corset de magie, balisée de la naissance à la mort, du berceau à la tombe, par un ensemble de rites apotropaïques dont nul ne songerait à se passer pour ne pas tenter le sort, ou le "mauvais œil" qu'ici on nomme le *droug avis*.

Cette certitude d'être plongé au milieu de forces invisibles, qui caractérise les Bretons de l'époque de Chateaubriand ou de La Villemarqué, est résumée sans concession par nos deux auteurs si éclairés par les "lumières de la Raison". Cambry ouvre le ban : *"Je l'ai dit et je le répète : quelques absurdités particulières caractérisent chaque canton de l'univers. La Bretagne les réunit toutes."* Trois décennies plus tard, Boüet embraye le pas. Et enfonce le clou : *"plus isolé dans ses hameaux épars, plus étranger par son langage, de la civilisation des villes qu'aucun autre paysan du royaume, le paysan armoricain est ce que l'on appelle vulgairement un arriéré. Il est plus vieux de trois siècles. A certains égards, il est encore au Moyen Age. Ainsi, son ignorance en fait un homme superstitieux qui ne prouve sa croyance que par de vaines pratiques souvent risibles."*

Yann Gouer a à peine poussé son premier vagissement que ses parents déploient le plus clair de leur énergie à le protéger contre les puissances qui l'assaillent et risqueraient bien de l'envoyer au plus vite vers l'Autre Monde, sans le corset de protections tissé avec amour par ses proches.

Ainsi, il est de la plus haute importance, pour la postérité d'un nouveau-né, de renvoyer, sans plus de ménagement, une veuve mendiante qui, avant d'avoir reçu l'aumône, se serait emparée de lui sans le caresser. Ces pauvresses dont le ventre est resté désespérément plat, sont considérées d'ailleurs elles aussi comme des sorcières qui selon A. Bouët, *"possèdent des milliers de secrets pour nuire et presque aucun pour être utiles."* Contre leurs sortilèges nombreux, les parents aimants et attentifs ont soin de munir leur progéniture de talismans aux vertus imparables comme une *"pierre dite de Coadri, qui est noirâtre et offre en relief l'image d'une croix"*, ou encore un morceau de pain de seigle grillé sur des charbons et introduit précautionneusement dans la manche du nourrisson. *"Grâce à cette amulette*, poursuit A. Bouët, *les méchants, les sorciers, les envieux qui jettent des sorts et soufflent de mauvais vents, sont déçus dans leur coupable espérance. Le pain absorbe les maléfices, et, en dépit des puissances infernales, le marmot demeure sain et sauf. Mais il faut avoir soin de changer ce pain tous les jours."*

Croisette de Bretagne

1570. - Plouharnel-Carnac. — Dolmen de Crucuno

Le pain bénit n'est pas l'unique préservatif contre les coups du sort et les multiples dangers qui guettent le nourrisson au quotidien. Le paysan breton sait pertinemment que, dans l'intérêt de sa progéniture, il se doit d'éviter un certain nombre de gestes et de comportements dangereux, voire même fatals, comme par exemple de passer l'enfançon par-dessus la table à manger. Le malheureux bambin qui, par étourderie, ou par malveillance, serait passé de bras en bras par dessus la *daol-bouet* encourrait alors divers malheurs. Il risquerait de tomber en langueur, de devenir chétif et malingre et, pour finir, d'être emporté par l'une de ces maladies qui, au XIXe siècle encore, faisaient de terribles ravages parmi la population enfantine. Un seul moyen, alors, pourrait éviter le sort de s'acharner sur la pauvre petite tête blonde : lui faire refaire, toujours de bras en bras, le chemin inverse de celui que le maladroit vient de lui faire accomplir. D'où vient cette "singulière superstition" ? S'interroge le docte Alexandre Bouët ? D'anciennes idées mythologiques relatives au soleil ou du moins au sens de sa course, comme l'a pensé M. Jouhanneau, de l'ex Académie Celtique ? Ou du respect quasi religieux que les Bretons armoricains portent à la table à manger ?

Saints protecteurs et fontaines miraculeuses

Malgré les soins dont il est entouré par sa mère et par la servante, la *vatez*, de la maisonnée, il arrive au petit enfant breton, comme à tous les enfants du monde, d'être victime d'un vilain microbe, d'une bactérie récalcitrante. Les mauvais esprits ajoutent, en ces temps où l'hygiénisme commence à régner sans partage sur la société, que la propreté… relative des fermes bretonnes ne serait peut-être pas tout à fait étrangère à la propagation de certaines maladies. Qu'importe, si les amulettes et autres talismans visant à protéger l'enfant s'avèrent inefficaces ou insuffisants, la mère s'en remet à des professionnels. Non pas au médecin, qui est, à l'époque où les Souvestre et les Alexandre Bouët rédigent leurs précieux témoignages sur la civilisation rurale bretonne, inconnu ou presque et dont, de toute manière les services sont trop onéreux, mais au saint, local ou spécialiste de tel ou tel mal. Car nombreux sont alors ces thaumaturges à qui l'on peut s'adresser pour retrouver la santé. Sant Weltaz guérit la rage, comme Sant Tujenn, un tel le mal de tête, tel autre le mal de dents. Et c'est à eux, représentés par leurs vieilles statues de bois polychromes ou de granite usé par les ans et recouvert de mousse, que les Bretons, confiants en leurs pouvoirs, vont s'adresser pour implorer une guérison qui tarde à venir. Généralement, ils sont associés à une fontaine qui, on s'en doute, fut sacrée avant d'être sainte, et que l'Église fut contrainte d'annexer après avoir cherché à en éradiquer le culte. *"Dans nos campagnes,* prétend Alexandre Bouët, *presque toutes les fontaines ont des vertus miraculeuses ; leur culte fut jadis établi par les druides."* Ce n'est pas on s'en doute, le seul exemple de syncrétisme d'une religion populaire et de grand vent. *"Chez eux,* continue Bouët, *les miracles des saints ont continué les enchantements des fées."* Au grand dam des autorités civiles et religieuses, du préfet comme de l'évêque.

Quelques Saints Bretons

Sant Weltaz

guérit la rage.

Santez Anna

invoquée par les nourrices qui n'avaient pas de lait.

Sant Tujenn

guérit tel le mal de tête.

Une des multiples fontaines dédiées à Saint Eloi, protecteur des chevaux

Comme pour Saint Yves de Vérité – sant Erwan-ar-wirione – la mère du petit malade peut s'adresser elle-même au saint guérisseur. Mais elle mettra davantage de chances de son côté si elle s'adjoint les services de pèlerins ou de pèlerines par procuration, qui sont des gens de métier. Les prières de trois mendiants spécialistes, rétribués raisonnablement pour leur office, répétées neuf jours de suite auprès de la fontaine sacrée, seront aux yeux de Yann Gouer une meilleure garantie pour la guérison du bambin malade, que n'importe quel remède d'apothicaire. Mais ils ne seront pas encore suffisants en eux-mêmes. Toute bonne mère bretonne de ce temps là sait pertinemment qu'elle ne peut s'épargner à elle-même et encore moins au petit Budog, Corentin ou Tudual, le voyage, parfois de plusieurs lieues, jusqu'à l'eau miraculeuse. Arrivée sur place, elle sait encore qu'elle devra plonger l'enfançon ou tout au moins sa chemise, dans l'eau de la fontaine. *"L'enfant, aux approches du linge mouillé et froid, crie et cherche à l'éviter,* commente encore Alexandre Bouët, qui ajoute, d'un trait de perfidie : *"mais il faut que le vœu s'accomplisse, et bon gré mal gré, le jeune malade endossera la chemise imbibée de l'onde fébrifuge, heureux si, après n'avoir que souffert du mal, il ne meurt pas du remède !"*

Certaines fontaines passent pour donner des indications sur l'évolution de la maladie dont est atteint l'être cher. *"Si la chemise de l'enfant s'enfonce dans leur eau,* écrit Jacques Cambry, *l'enfant meurt dans l'année. Il vivra longtemps si ce vêtement surnage : on le met humide sur le corps de ces petites créatures pour les préserver de tous les maux."*

Le plaisir et le contentement du saint ne sauraient pourtant pas suffire au rétablissement du jeune malade. En cette circonstance comme en d'autres, il convient de n'oublier personne. Et surtout pas les morts, à qui l'on s'adresse et que l'on se doit de ménager en toute circonstance de la vie. Ils sont particulièrement nombreux autour des fontaines. C'est à leur intention, autant qu'à celle du

petit thaumaturge de bois, que l'on doit faire des offrandes. C'est pour eux que l'on jette, dans l'eau claire et fraîche, des épingles brillantes et des débris de vaisselle multicolore. Vestige du culte des eaux et de ces rituels qui consistaient, pour nos ancêtres celtes, à déposer au fond des lacs, dans le lit des rivières et dans l'eau limpide des sources, des casques, des épées et des pointes de lances ? En tous cas, pour nos bisaïeux ou pour nos trisaïeux, les couleurs vives des fragments de faïence ont pour but de réjouir l'âme des *Anaon,* qui viennent s'asseoir en cercle, la nuit, autour de ces lieux sacrés, tandis que les épingles leur servent à rattacher les débris de leur linceul.

Fiançailles et épousailles

Le jeune breton ou la jeune bretonne a réussi à traverser sans encombre les premiers âges de la vie, et, grâce à la secourable intercession des saints protecteurs et guérisseurs, à échapper aux maladies qui ont fauché plusieurs de ses camarades. Il ou elle va devoir songer à prendre époux. Ou épouse.

Comme pour tout acte important de la vie, le succès dans la quête de l'élu ou de l'élue est le résultat conjugué des efforts déployés par Corentin ou Soazig pour trouver – et fatalement séduire – l'âme soeur – et bien sûr sa maisonnée à commencer par ses parents, en un temps où la vie individuelle n'est que la partie succincte de la vie clanique et collective – et... du "sort" ! Encore le sort peut-il pencher du bon côté pour peu que le candidat ou la candidate au mariage sache l'y encourager en s'aidant lui-même ou elle-même !

Dans le Trégor maritime, toute jeune fille en âge de convoler en justes noces savait très bien qu'il était un saint, un petit saint de bois, qui pouvait intercéder en sa faveur auprès du Tout Puissant. Intercéder n'était d'ailleurs sans doute pas le terme le plus adéquat, tant en Bretagne on s'en remettait à la puissance intrinsèque de ces petits bonshommes qui avaient un peu, voire beaucoup, hérité des pouvoirs des dieux et des druides anciens. Dans l'anse Saint Guirec, Sant C'hirek en breton, à Ploumanac'h, se trouve un petit, un tout petit oratoire de pierre dont les historiens font remonter la construction à l'époque romane. Jadis s'y trouvait une statue du saint personnage venu de Bretagne (insulaire), à l'aube du Moyen Age, dans un *curragh* de cuir, de toile et de bois, que la mémoire populaire assure avoir été une auge en pierre. Saint Guirec avait peut-être bien, comme nombre de ses confrères, le pouvoir de faire flotter la pierre. Mais il avait sûrement celui d'aider les jeunes filles à trouver un époux bon et charitable et aimant et protecteur. Si le candidat était sobre et travailleur par dessus le marché, l'affaire était bonne et promptement conclue. Aussi toutes les Marie-Louise et toutes les Enora du Trégor venaient-elles, plus ou moins discrètement, implorer Saint Guirec. Pour que leur prière fût efficace, il leur fallait encore planter une épingle dans un nez de bois qui, au bout de quelques siècles, finit par tenir autant de celui de l'alcoolique chronique et invétéré que de la passoire... Bref il perdit à peu près toute caractéristique humaine. A tel point que le clergé local se résolut à changer la statue de bois contre une autre, en pierre, cette fois. Ce fut peine perdue : la gente féminine du secteur croyait dûr comme fer au pouvoir secourable du thaumaturge. Les jeunes filles continuèrent à venir rendre à Guirec des visites à peine plus tolérées en haut lieu que celles à Saint Yves-de-Vérité. Et il advint, tout

Oratoire de pierre de Saint Guirec, Ploumanach

naturellement, que la proéminence nasale de notre saint local, tout en granite qu'elle fût, finit par s'user, s'émousser et se trouer, tout comme celle de son prédécesseur de bois. Las, le clergé finit par baisser les bras et par laisser libre cours à ce culte hérité en droite ligne de rites immémoriaux.

Dans le pays de Carnac, c'est aussi aux pierres que s'adressent les jeunes filles désireuses de fonder une famille. Mais là bas, les pierres sont encore plus vieilles, plus moussues, plus archaïques qu'ici dans le nord de la péninsule. Elles ont 4 000 à 6 000 ans. Est-ce un gage de leur puissance, voire de leur sagesse ? C'est bien possible. En tous cas, jusqu'au début du XIXe siècle, on savait bien que, malgré la christianisation du pays, elles avaient gardé leur âme et leur esprit bienveillant. Les jeunes filles avaient alors coutume, pour leur demander, les yeux fermés et l'esprit en ébullition, un petit, tout petit service, d'aller y caler la partie la plus charnue de leur anatomie. Les pierres concevaient-elles un plaisir discret de ces unions de l'animal et du végétal, de ces drôles d'hiérogamies perpétuées au fin fond d'un pays où Jésus Christ, la Vierge Marie et Saint Joseph s'étaient fait admettre depuis près de quinze siècles ? En tous cas, voici ce que Zacharie Le Rouzic, l'enfant du pays, écrivait à leur sujet au début du XXe siècle :

"Lorsque les jeunes gens ne trouvent pas à se marier, on leur dit d'aller prendre la pierre chaude et de mettre le derrière dessus.

Lorsqu'ils se marient, l'on dit : ils ont vu la pierre chaude, ou : la pierre chaude est tombée dans leur demeure."

On s'en doute, l'esprit espiègle des Bretons n'est jamais pris à défaut. Et les "tours" qu'ils jouent avec délectation et jubilation, aux *folliked* dans l'île de Bréhat par exemple, (cf. chapitre sur le petit peuple) c'est aux jeunes… ou au vieilles filles, qu'ils les réservent dans la région de Carnac.

Un jour, nous apprend encore Le Rouzic, une fille qui avait passé l'âge raisonnable d'intéresser un époux potentiel, demanda conseil à son "maître" de ferme. Celui-ci, bon diable – du moins en apparence – lui expliqua les vertus de la pierre magique et sacrée du village de Kerlhuir. La fille ne fit ni une ni deux et fila, à la tombée de la nuit vers la pierre secourable. Elle revint piteusement au village et se confia à son patron : la pierre "chaude" était décidément bien fraîche. D'autant que l'usage, pour une efficacité garantie, voulait que la chair du postérieur féminin fût en contact direct avec celle de la pierre. Qu'à cela ne tienne, lui expliqua le bougre : *"Ne te décourage surtout pas et recommence l'expérience à la première pleine lune."*

Seulement voilà : le maître trahit le secret de la pauvresse et divulgua son projet à des chenapans du village qui, peu avant le moment fatidique, prirent la pierre pour la chauffer à blanc dans la cheminée de leur ferme, avant de la remettre en place. On devine les souffrances endurées par la pauvre *vatez* lorsqu'elle posa la peau délicate de son arrière-train sur la pierre sacrée. Et ses hurlements de douleur. Le Rouzic ne dit pas si cette aventure lui fut d'un quelconque secours. Mais il ajoute qu'un dolmen ruiné, celui de Croez-Moken, situé entre le bourg de Carnac et les alignements du Menec, avait la même propriété, bien qu'il fût surmonté d'une croix. Le syncrétisme religieux local ne s'arrêtait d'ailleurs pas là puisque, toujours selon le même collecteur, ne parvenant pas à dissuader les jeunes filles d'aller s'asseoir dessus "à certain moment de la lune", le clergé local résolut d'annexer la tradition et d'emmener toutes les candidates, ensemble, "en un jour de l'année, au printemps". *"Cette procession existe toujours,* ajoute Le Rouzic, *sans que l'on en sache exactement l'origine."*

Un moment solennel et chargé en émotions.

Vient alors le moment de convoler en justes noces. Corentin et Soazig doivent faire appel au service de l'entremetteur, pour que le rite et les conventions soient respectés.

Les jeunes mariés ne devront, pour rien au monde, oublier, le quatrième jour de leurs noces, de rendre un hommage solennel aux morts du clan, qui, de leur tombeau, exercent toujours un légitime droit de regard sur les affaires des vivants, a fortiori de leur descendance.

Nul doute que si ce service solennel auquel se doivent d'assister les deux mariés, en grand costume de deuil, ainsi que leurs familles respectives, n'était pas célébré, la postérité du couple et de sa descendance serait exposée à de grands dangers.

Mais les morts ne sont pas les seuls à réclamer leur dû ! Les trois premières nuits de noces se doivent d'être offertes en sacrifices, la première au bon Dieu, la seconde à la Vierge et la troisième au saint local. Trois nuits de sacrifice librement consenti, auxquelles les jeunes époux, dans certains cantons, en ajoutent parfois plusieurs autres, de leur propre gré. Il faut dire que dans la plupart des cas, le mariage est "consommé" depuis les fiançailles, qui valent engagement et que dans certaines régions, les jeunes mariés cohabitent depuis déjà plusieurs mois sans que personne n'y trouve à redire...

Rites apotropaïques pour la maison

Enfin, le nouveau couple ne peut décemment investir sa nouvelle demeure, ou bien la faire construire, sans respecter un certain nombre de gestes rituels susceptibles d'en éloigner les mauvais esprits.

S'il emménage dans une maison déjà construite, pour rien au monde il ne se dérobera à la cérémonie dite de l'"armoire" qui ritualise sa prise de possession des lieux. La fête a, n'en doutons pas, un aspect apotropaïque fort qui n'exclut nullement les réjouissances. Comme en de nombreuses occasions, tout le clan est convié et après l'entrée de l'armoire neuve dans la nouvelle demeure, les tonneaux sont percés et le cidre coule à flots du fût au pichet, du pichet dans la bolée et de la bolée directement dans les gosiers, raisonnablement échauffés comme il se doit.

C'est encore une fois Alexandre Bouët qui nous en donne la description la plus précise et la plus haute en couleur : *"Les sonneurs ou musiciens qui l'attendaient à table sont accourus à sa rencontre, et, répondant par quelque air national aux étourdissants youc'haden, ils l'ont solennellement annoncé à tous les échos d'alentour (...) l'ancien culte les avait sanctionnés ; mais l'austérité du christianisme s'en effaroucha et, dès le Ve siècle, un concile tenu à Vannes défendit aux prêtres de consacrer ces scènes plus ou moins érotiques."*

Entrée de l'armoire

Voilà en tous cas qui atteste de l'antiquité de la cérémonie encore pratiquée couramment en Cornouaille en plein XIXe siècle. Enfin : *"l'armoire est introduite dans le domicile conjugal au milieu des encouragements du biniou et des acclamations de la foule. A sa suite entre les parents et amis qui viennent déposer sur la table leurs cadeaux de beurre, de lait, de crêpes, etc. (...) ensuite a lieu le festin de l'armoire qui, vu l'état d'une partie des convives, même en commençant, est déjà une orgie."* Une orgie peut-être. Mais une orgie sacrée, car sans cette cérémonie de l'armoire, pas de bonheur possible pour le jeune couple. D'ailleurs, pour nos ancêtres Celtes, l'alcool ne donnait-il pas la voyance et n'ouvrait-il pas directement les portes de l'Autre Monde ?

Yann Gouer fait-il au contraire construire une maison neuve ? Il n'aura garde de sacrifier aux puissances occultes avec qui, toute sa vie durant, il trouvera de multiples arrangements pour parvenir au seuil de la vieillesse sans avoir accumulé trop d'avanies et de malheurs. Comme jadis le roi Vortigern qui fit chercher un "enfant né sans père" – et trouva le jeune Merlin, fruit des amours d'une vierge et d'un petit *duz* de la forêt – pour l'égorger sur les fondations de la tour qu'il se construisit au mont Eryry, le paysan breton se doit de procéder à un premier sacrifice. Plus d'enfants au XIXe siècle : c'est rigoureusement interdit ! Mais le souvenir et le symbole sont perpétués. Le Braz, dans *La Légende de la mort*, nous apprend que les forces qui guettent le Breton dans l'ombre sont personnifiées par le personnage de l'Ankou, sur lequel nous reviendrons plus tard. Et que le bougre exige son dû… *"Quand une maison neuve est en construction, l'on n'a pas plus tôt mis en place la marche du seuil que l'Ankou s'y vient asseoir, pour guetter la première personne de la famille qui le franchira. Il n'y a qu'un moyen de l'éloigner, c'est de lui donner en tribut la vie de quelque animal : un œuf suffit, pourvu qu'il ait été couvé. Dans le pays de Quimperlé, on immole un coq et on arrose les fondations avec son sang."* Le propos est confirmé par Dominique Besançon, pour qui : *"en Bretagne on avait encore (au XIX e s) coutume de sacrifier un animal, souvent une poule, que l'on coulait vivante, dans les fondations."* Et James Eveillard écrit qu'à Pontivy, il était d'usage à la même époque, d'asperger de sang de bœuf les fondations des maisons et des églises, et nous apprend que l'archéologie confirme amplement les écrits de le Braz à propos de ces rites propitiatoires.

Ci-contre : Intérieur de chaumière vannetaise, écomusée de Saint Degan, Auray (56)

Venait ensuite la cérémonie de la "première pierre", perpétuée jusqu'à nous alors que ceux qui la pratiquent en ont oublié jusqu'à la signification. On la scellait d'ordinaire le samedi soir. Le lendemain, entre messe et vêpres, le maçon y gravait solennellement une croix, de la pointe de son marteau, avant que toute l'assemblée ne vint à son tour imiter son geste.

Dans la région de Carnac, les haches préhistorique en pierre polie passaient aussi pour être de précieux talismans contre le "mauvais œil", ou au moins pour préserver la maison des méfaits d'une météo capricieuse. Zacharie le Rouzic : *"Les celtae ou haches de pierre polie, sont appelées Men-Gurun, c'est-à-dire pierres de tonnerre, et sont considérées comme pierre tombant du ciel avec la foudre ; elles sont recherchées pour préserver les maisons de la foudre. Presque toutes les maisons anciennes possèdent de ces haches placées sous les pierres du foyer, parfois dans la cheminée. Quelquefois elles sont placées dans le parquet en terre glaise de la maison."*

Le gros œuvre achevé, c'est un bouquet que le maître se doit d'accrocher, consciencieusement, au faîtage de sa maison.

Est-ce là tout ? Le corset de protections qui entoure jalousement la maison est-il dès lors complet et achevé ? Bien sûr que non ; il reste encore, pour tout constructeur qui se respecte, à enfouir une médaille bénite sous le seuil, à graver le monogramme du Christ, près de la porte d'entrée et sur le manteau de la cheminée et à placer dans la petite niche prévue à cette effet, une statue en faïence de Santez Anna, la protectrice des Bretons, de son équivalent masculin, Sant Erwan / Saint Yves, de la Vierge ou de l'un des multiples saints locaux, qui ont tous le pouvoir d'éloigner les ondes malfaisantes, surtout si comme Tudual, Efflam, Samson ou Pol Aurélien, ils sont passés maîtres sauroctones. Dans certains secteurs comme le pays de Vilaine, il était d'usage général de

placer, dans la maçonnerie, près des ouvertures, trois pierres de belion, une variété de quartzite locale, capable, selon Bernard Rio et Albert Poulain, d'éloigner les vibrations négatives. A cet arsenal apotropaïque appartiennent aussi certaines parties de l'anatomie humaine dont nos ancêtres firent grand usage pour conjurer le sort. Au premier rang, celle des fameuses têtes que l'on trouve bien souvent aux angles des maisons, près de la porte d'entrée, sur les margelles des puits ou à tout autre endroit où les puissances occultes pouvaient frapper les vivants. Par leur aspect fruste, par leur archaïque naïveté, elles rappellent étrangement les statues romanes, voire, en remontant encore davantage le cours du

temps, ces “têtes coupées” des sanctuaires celtiques préchrétiens. Pour Jean-François Simon, qui a consacré deux ouvrages à la maison bretonne du Léon et de Cornouaille : *“Plus que d'une tête, c'est en réalité d'un visage qu'il s'agit, et même pourrait-on dire, d'un regard, tant est manifeste la volonté d'accentuer sur ces masques l'importance des yeux. (...) ces yeux de pierre aux façades des maisons ne seraient-ils pas là pour remédier à une défaillance humaine, en opposant en toutes circonstances un regard imperturbable aux dangers d'agression ?”*

Petite tête apotropaïque, à l'angle d'une chaumière, Lanvaudan (56)

Enfin, last but not least : une statue phallique, si elle a le don de favoriser la fertilité des femmes, à défaut de les féconder, constitue aussi un excellent talisman contre le *droug avis* ! Par suite de la condamnation, des anathèmes et, pour tout dire, de l'acharnement des autorités civiles et religieuses contre ces symboles jugés “obscènes”, il en subsiste aujourd'hui bien peu sur les édifices anciens. Mais s'il vous arrive d'en voir, sculptés en ronde bosse, au fronton d'une demeure chenue et moussue, n'allez surtout pas croire qu'il était l'enseigne d'un quelconque lupanar à la mode celtique. Car pour Chevalier et Gheerbrant, nos deux spécialistes incontestés de la symbolique, le phallus : *“manifeste une idée de protection, par suite du pouvoir des pointes (cornes, doigts, etc.), à “percer” l'influence malfaisante, le génie méchant”.* Il remplit dont tout naturellement : *“une fonction équilibrante sur le plan des structures de l'homme et de l'ordre du monde.*

Rites de fertilité

Le mariage étant passé, la demeure du couple construite ou aménagée, malgré toutes les précautions nécessaires, les offrandes aux saints et les hommages aux défunts, et malgré ses propres efforts, il arrive que Corentin tarde à voir le ventre de Soazig s'arrondir. Au bout de plusieurs mois d'attente et d'ardeurs conjugales renouvelées, les jeunes époux n'ont plus guère qu'une solution : s'en remettre, une fois de plus, aux saints "spécialistes", cette fois de la stérilité, considérée comme un très grand malheur et une terrible affliction. Dans certaines paroisses du Finistère, ils confient leur sort à saint Gwénolé, le premier abbé-évêque de Landévennec, qui, selon les propos d'Alexandre Bouët, passe aux yeux des populations, sans qu'il parvienne à se l'expliquer raisonnablement, pour une sorte de Priape armoricain…

Les saints chrétiens peuvent bien sûr être d'un quelconque secours en matière de fertilité. Mais leurs pouvoirs sont aux yeux des Bretons du XIXe siècle et même du début du XXe, bien loin de valoir ceux des pierres. Invoquées pour trouver un mari, ces dernières le sont encore pour permettre au ventre de Nonn ou de Shan, de s'arrondir, autant par les ferveurs renouvelées de Jobig ou de Lom, que par la magique intercession de la terre. A Locronan, les femmes qui désirent un enfant doivent, lors de la cérémonie de la Troménie, s'asseoir confortablement sur la Maen Gazeg, la fameuse "jument de pierre", en descendant de la station la plus élevée, celle du sommet de la montagne, qui de toute évidence fut sacrée avant que d'être sainte : leur vœu sera exaucé dans l'année.

La Maen Gazec n'est évidemment que l'une des nombreuses pierres de fécondité qui hérissent le pays et qui toutes, peu ou prou, exercent des pouvoirs magiques et ont la possibilité de faire naître des

Troménie de Locronan, le repos des bannières sur la montagne sacrée

enfants dans les familles et plus déshéritées et des embryons dans les utérus les plus récalcitrants. Ce qu'expriment fort précisément Chevalier et Gheerbrant dans leur Dictionnaire des symboles : *"Le symbolisme phallique du menhir confirme ce sens (d'incorruptibilité de la pierre), le phallus étant le symbole de l'existence, de la force et de la durée."* Et encore : *"ses observations (d'André Varagnac) conduisent à voir dans ces menhirs des traces de la symbolique du feu et de la fécondité."* Ce que nos ancêtres paysans savaient bien. Sans avoir lu Chevalier et Gheerbrant. Comme ça. Par empirisme. Nombreuses sont à ce sujet les cartes postales "1900" qui montrent ces pierres aux vertus étranges, et des toutes jeunes filles ou jeunes femmes implorant leur aide. Celui, penché à 45 degrés de la Tremblaye, à Saint-Samson-sur-Rance, était utilisé à la manière d'un toboggan : les candidates aux épousailles – et à la fertilité ! – qui l'avaient dévalé sur les fesses, toutes jupes relevées et qui étaient arrivées en bas sans égratignures étaient certaines de convoler dans l'année en justes noces. Sur la même commune, la Pierre de Lémon, avait les mêmes pouvoirs. La légende d'une carte postale ancienne précise qu'elle *"possède la vertu de hâter le mariage des jeunes filles qui vont y faire des glissades en culottes de baptême."* Les pierres sur lesquelles les femmes vont se frotter les seins ou les fesses ne se comptent plus. Elles sont presque aussi nombreuses que les soldats romains métamorphosés en monolithes sur la paroisse de Carnac. *"On dit,* écrit James Eveillard, *que les femmes stériles, ce même jour* (le 20 septembre, jour du pardon de Saint Eustache), *venaient se frotter les seins contre ce fameux mégalithe, pour devenir mère."*

A propos du menhir de Saint-Cado, sur la commune de Ploemel, Zacharie le Rouzic prétend que les femmes affligées de stérilité devaient venir s'y frotter le ventre *"en un endroit indiqué"*. Sans plus de précisions. Il semble en tous cas que le remède fût d'une efficacité redoutable, car toujours selon Le Rouzic : *"Une ménagère du village, n'ayant pas d'enfant, se rendit au menhir, et, l'année suivante, elle eut un gros garçon, qui fut suivi de plusieurs autres enfants."* Pour Le Rouzic encore : *"Toutes les femmes qui vont voir ce menhir sont dans le même cas."*

" Le menhir, où qu'il soit et quel qu'il soit, a des vertus fécondantes."

Une photo ancienne précise que le menhir de Saint-Samson, en Pleumeur-Bodou, près de Trégastel, *"est l'objet d'un culte secret de la part des femmes du pays."* Etant donné ses formes, plus que suggestives, le contraire eut été surprenant. Celui de Kerloas en Plouarzel, dans le Léon, avec ses deux grosses boules sculptées à sa base a pendant longtemps rempli les mêmes fonctions auprès des jeunes femmes du pays, tout comme celui de Kerampeulven, près d'Huelgoat, que des documents anciens présentent ceinturé par des bras innocents de jeunes personnes en chapeaux élégants et en jupes longues. A Plonéour-Lanvern, des adolescentes en costume traditionnel bigouden, cette fois, avaient coutume, lors du pardon de Saint Enéour, de mener autour de la stèle laté-nienne, qu'en breton on nomme lec'h ou peul-van, une danse qui avait tout l'air d'être de fécondité elle aussi. Enfin, à Carnac, on savait bien, de tous temps, qu'une union charnelle, dans les alignements, par nuit de pleine lune, avait le pouvoir de donner une nombreuse et légitime progéniture aux couples qui tardaient à voir venir le fruit de leur amour, ou tout au moins de leurs épousailles. Malgré les interdits répétés par le clergé, malgré les anathèmes des conciles de la période alto-médiévales, le culte des pierres était presque encore aussi puissant, aussi enraciné, dans la Bretagne de 1914 que dans celle du roi Arthur ou de Conomor.

La nuit des âmes

On l'a compris, toute la vie de Yann Gouer est liée à cette certitude que notre monde visible et palpable se double d'un autre, qui est là, en filigrane, perceptible à ceux qui savent et qui sentent. Un monde peuplé d'esprits, ceux des morts et ceux des fées, de ces êtres immémoriaux et qui ont leurs devoirs, mais aussi leurs droits et leurs exigences.

Et ces exigences, c'est surtout lors de certaines nuits particulières, certaines nuits particulièrement sacrées de l'année qu'elles s'expriment. Des nuits comme celle de la Toussaint, qui, dans le calendrier grégorien, a succédé, assez tardivement d'ailleurs, à la vieille fête de Samonios, qui ouvrait l'hiver et qui inaugurait la nouvelle année. C'était une nuit magique entre toutes, une sorte de parenthèse dans le temps et l'espace, durant laquelle les portes de l'Autre Monde s'ouvraient en grand pour laisser passer dans notre monde toutes les créatures de l'Audelà, à commencer bien sûr par ces Femmes de l'Autre monde, ces messagères du Sidh, sensuelles et callypiges, qui venaient séduire les hommes sur le plancher des vaches, et les attiraient avec elles, de l'autre côté du miroir, au moyen d'une belle grosse pomme rouge.

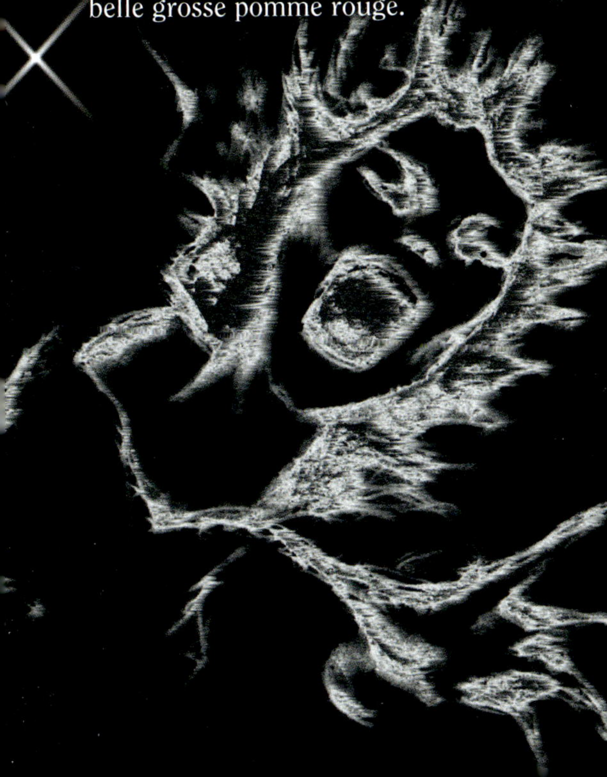

Dans la Tradition irlandaise moderne, cette nuit de la Toussaint, l'héritière directe de la fête de Samain-Samonios, est une sorte de "nuit de tous les dangers" comme la nomme l'ethnologue Daniel Giraudon, une nuit terrible et angoissante durant laquelle les *fairies* font une irruption tonitruante chez les vivants mortels, afin dans le meilleur des cas, de leur jouer plus d'un vilain tour et de multiplier à leur encontre toutes les espiègleries qu'ils ont dans leur sac à malice.

La tradition bretonne est bien différente. Durant la nuit que, dans plusieurs régions on continue de nommer *kala koañv*, les "calendes d'hiver", ce sont les morts, les morts familiers, tous les nombreux morts du clan et de la communauté, qui s'en reviennent hanter les parages qu'ils ont aimés de leur vivants. Ils errent dans les chemins creux, les cours de ferme, et jusque dans les maisons où, du temps de leur enveloppe charnelle, ils avaient leurs aises et leurs habitudes.

Le Morlaisien Emile Souvestre, à leur sujet, écrit dans le récit *Les Lavandières de la nuit* publié dans son recueil *Le Foyer Breton* : *"Les morts sont alors aussi nombreux dans les maisons des vivants que les feuilles jaunies dans les chemins creux. Voilà pourquoi les vrais chrétiens laissent la nappe mise et le feu allumé, pour qu'ils puissent prendre leurs repas et réchauffer leurs membres engourdis sous la froidure des cimetières."* Dans Les *Derniers Bretons*, à propos de la fête de la Toussaint dans le diocèse du Léon, il écrit encore : *"Vers le milieu de la nuit, après un repas pris en commun, on se retire ; mais des mets sont laissés sur la table, car une superstition touchante fait croire aux Bretons qu'à cette heure, ceux qu'ils regrettent se lèvent des cimetières et viennent prendre, sous le toit qui les a vus naître, leur repas annuel."*

Chacun sait, en Bretagne, que ce que les Anaon, les âmes des défunts, craignent le plus, ce n'est pas la chaleur des flammes de l'Enfer, mais le froid glacial qui règne en maître dans l'Autre Monde, du côté du

Yeun Ellez. Concernant les agapes des morts, Le Braz confirme Souvestre. Et le précise : *"La maîtresse de la maison recouvre d'une nappe blanche la table de la cuisine, et, sur cette nappe, dispose du cidre, du lait caillé, des crêpes chaudes."* Les vêpres et l'office religieux rendus, le "repas des morts" préparé, le maître se doit encore de disposer, dans la cheminée, la plus belle bûche de sa réserve de bois, la *kef an Anaon*, afin que les misérables Anaon, transies de froid sous leurs vêtements en loques, puissent, au moins durant cette nuit bénie entre toutes pour eux, venir chauffer leurs membres douloureux et engourdis au feu de ceux de leur famille dont la mort les a séparés. Ces devoirs accomplis, l'âme en paix, chacun peut enfin se hisser dans son lit clos où il se sent en sécurité comme dans une cabine de bateau. Surviennent encore, vers 9 heures du soir, les "chanteurs de la mort", qui vont, de maisonnée en maisonnée, interpeller les vivants sur le point de s'endormir, et leur interpréter, sur un ton lamentable, le *kanaouenn an Anaon*, la "complainte des âmes".

"gwechall, pa oamp e barz ar bed, ni boa kerent ha mignoned. Hogen bremañ, p'ed omp marvet, Kerent, mignoned, n'hon eus ket." "En entendant ces voix lamentables, écrit La Villemarqué dans *le Barzaz Breiz, tout le monde se lève dans les chaumières, tout le monde se jette à genoux, et l'on prie en commun pour les trépassés, sans oublier de faire une abondante aumône aux pauvres qui sont à la porte et qui les représentent. Ceux-ci alors poursuivent leur promenade nocturne à travers les bois et les landes, au son du glas funèbre et au murmure du vent dans les feuilles flétries, moins pressées dit-on, sur la terre du mois noir, que ne le sont les âmes, cette nuit dans les airs.*

C'est vrai : les morts exigent les honneurs dûs à leur rang. Wilherm Postic, un vaurien, qui passait le plus clair de son temps à trinquer pendant la messe avec des *"gueux acheteurs de chevaux"* et à *"chanter aux filles des rimes de meuniers"* au lieu de participer aux offices des défunts, en fit une nuit de *kala goañv* ou de *gouel an Anaon* la cruelle expérience. S'étant attardé plus que de raison dans des auberges perdues, il regagnait, chargé à ras bord de cidre et de chouchenn, ce qui lui servait de demeure, lorsqu'il fit, près d'un gué, la rencontre de kannerezed-noz, de "lavandières" de la nuit. S'étant approché d'elles, il s'aperçut avec effroi qu'elles avaient les visages de sa propre mère, de sa sœur et de son épouse, qui, toutes les trois avaient quitté dans l'année le monde des vivants. Ayant perdu toute contenance et toute assurance, le misérable oublia qu'en une telle occasion, il est essentiel, pour celui qui tient à la vie, de tourner à contre sens le linge que les lavandières lui présentent. Il mourut broyé, autant par le poids de ses "péchés" que par la puissance du poignet des spectres que le destin mit sur son chemin. Et, comble de malheur, d'après Souvestre : *"son corps fut déposé en dehors du cimetière, sous l'échalier de pierre, là où s'arrêtent les chiens et les mécréants."*

Le malheureux avait gravement offensé les Anaon, et qui plus est, les siens, ou plutôt les siennes. Il n'en demeure pas moins qu'il est dangereux et hautement déconseillé de tenter de rencontrer ou seulement d'apercevoir les défunts, dehors ou même à l'intérieur des maisons. D'après Le Braz, qui passa une nuit de *kala goañv* dans le village de Spézet, en pleines Menezioù Du, les "montagnes Noires", un certain Gab Prunennec, selon la version de la vieille Nann, les voulut voir. Mal lui en prit : *"Les défunts de sa famille, son propre père à leur tête, lui arrachèrent les prunelles avec leurs ongles, et tout le reste de ses jours, il pleura des larmes de sang..."* Brrrr.

Gwezenn an Anaon, l'Arbre des Âmes…

A Plougastel-Daoulas, tout à l'ouest de la Cornouaille, la paroisse est divisée en "un certain nombre de frairies", nous apprend encore Le Braz. Vingt-et-une précisément, nous dit pour sa part Loïc Caret, un paysan entre deux âges qui participa à la résurrection du rite. Chacune de ces *breuriez,* c'est leur nom en breton, avait jadis une conscience aiguë du culte qu'à la Toussaint, tout un chacun doit rendre à ses morts, à l'époque d'Anatole le Braz et de Charles le Goffic, qui participa une année à la cérémonie. Après les vêpres des Morts, tous les membres de chaque frairie se réunissaient dans l'une des maisons communautaires afin de célébrer un rite bien déterminé : *"La table de la cuisine,* écrit Le Braz, *est garnie d'une nappe sur laquelle s'étale une large tourte de pain, fournie par le maître de maison. Au milieu de la tourte est planté un petit arbre portant une pomme rouge à l'extrémité de chacun de ses rameaux. Le tout est recouvert d'une serviette blanche."*

Le maître coupait d'abord la tourte de pain en autant de morceaux qu'il y avait de personnes autour de la table et les mettait en vente au prix de deux, quatre ou même dix sous chaque. Gare à celui qui n'aurait pas mis son obole à la cagnotte qui servait à dire des messes pour l'Anaon dans les douze mois à venir ; il aurait encouru les foudres des défunts !

Aujourd'hui, l'arbre, porté généralement par le membre le plus ancien de la *breuriez*, est conduit ensuite en grandes pompes et en toute solennité, à la chapelle locale autour de laquelle il effectue une triple circumambulation dextrogyre, avant que les petits pains soient acheté par les membres de l'assistance. Le *gwezenn an Anaon* (arbre des âmes) ou *gwezenn an avaloù* (pain aux pommes), généralement un houx ou un if écorcé, est ensuite vendu aux enchères. Enchères feintes, précise Charles le Goffic, qui insiste bien sur le fait qu'il est d'ordinaire attribué à la personne de l'assemblée qui a été affligée par un ou plusieurs deuils dans l'année.

Gwezenn an avaloù à la breuriez de Feunteun Gwenn (la "fontaine blanche" ou plutôt , la " fontaine sacrée")

Difficile de faire plus clair. Et plus "païen" ! On se doute qu'un tel rituel n'eut guère les faveurs de l'Église officielle. D'ailleurs la plupart des *breuriezoù,* selon l'ethnologue Jean-Pierre Kervella ne se déroulaient pas près des chapelles, mais dans des cours de fermes ou devant des bistrot, où l'assistance allait continuer ses libations après la vente de l'arbre. Perpétuation populaire d'un vieux rituel de la fête celtique de Samonios – la pomme, surtout rouge et éclatante, n'est-elle pas l'un des symboles de l'Autre Monde ? – les *breuriezoù* se firent longtemps sans la bénédiction du curé local. Elles disparurent même complètement dans la seconde moitié des années soixante-dix, avant d'être relancées dans trois frairies voici une vingtaine d'années par des passionnés de spiritualité et de culture bretonne. Si pour Jean-Pierre Kervella elles ont un indéniable parfum de *revival* et de démarche patrimoniale, pour Loïc Caret, la spiritualité bretonne et celtique y est toujours bien présente. Et le nouveau ministre du culte de la paroisse, le recteur Michal Mazéas, accepte pour sa part de bénir les pains, dans un geste de conciliation bien pensé. Et aussi pour se faire pardonner de n'être pas brittophone, une qualité essentielle pour se faire accepter de ses ouailles dans cette paroisse de la pointe occidentale de la vieille Armorique.

Nuit de la Saint Jean

Ce n'est bien sûr pas la seule nuit de l'année qui revêt une singulière importance pour les Anaon. Dans la tradition celtique, Beltaine, dans la nuit du premier mai, est une autre parenthèse d'éternité, un autre sas par lequel s'engouffrent morts, esprits et *fairies*. Une autre nuit de tous les dangers pendant laquelle, en Irlande comme dans certains secteurs de Bretagne, l'on dispose des rameaux, sur les portes, les fenêtres, les puits, les toitures des maisons. Mais Beltaine, qui était dans le calendrier celtique la fête de l'été, tout comme Samonios était celle de l'hiver, céda symboliquement le pas à la Saint-Jean, version chrétienne du solstice d'été. C'est à cette occasion que l'on allumait, sur les collines, de gigantesques feux sacrés, des Tantad dont les flammes montaient haut et clair dans le ciel de juin et dont les milliers de flammèches se mêlaient aux étoiles filantes, nombreuses à cette période de l'année. Durant cette nuit, les paysans de Bretagne armoricaine avaient coutume de faire "brinder" des joncs sur des bassines de cuivres remplies d'eau. La musique qui s'en dégageait était aussi étrange que mélodieuse, d'après les témoins de l'époque. A ce propos, L..B.K dans *la Nouvelle Revue de Bretagne*, écrit : *"Non loin du foyer, de vieilles femmes en costume pontyvien étaient assises autour d'un grand bassin de cuivre. Graves, hiératiques, presque sacerdotales, elles faisaient vibrer des joncs tendus au vide des grands vases qui se mettaient à chanter ; chant souvent plaintif, parfois rugissant."* Souvestre, dans le Léon, a vu l'opération effectuée par des mains enfantines. Mais le résultat est le même. *"Quand le feu de Monsieur Saint Jean est allumé, de loin en loin on entend une rumeur confuse, joyeuse, et je ne sais quelle étrange musique, mélangée de sons métalliques et de vibrations d'harmonica qu'obtiennent des enfants en caressant du doigt un jonc dont les bouts sont fixés aux parois opposées d'une bassine de cuivre."* Dans une autre version de ce texte, l'auteur des *Derniers Bretons* précisait que *"la bassine était pleine d'eau et qu'on y mettait des morceaux de fer."* Nul doute, pour Arnold Van Gennep, le "pape" du folklore français, pourtant souvent sceptique sur le sujet, que cette coutume remonte à "une haute antiquité", précisément en raison de ses *"formes tellement primitives"*. Nul doute non plus qu'il s'agit là d'une pratique à l'origine sacrée, et peut-être d'un appel aux défunts, qu'un Breton bien né ne doit jamais oublier. D'ailleurs, dans la Tradition celtique, la musique exerce sur les hommes un pouvoir magique puissant. La harpe du Dagda n'est-elle pas capable de jouer alternativement l'air du sommeil, l'air du rire et l'air des pleurs ? Et le chaudron, surtout encore celui de Dagda n'a-t-il pas la capacité de ressusciter les morts et de dispenser science et nourriture éternelles ?

Le rite de ce que Van Gennep nomme le "chaudron sonore", n'est pas le seul hommage rendu aux morts. Après que les paysans ont fait passer leurs troupeaux, non pas *"par dessus le brasier sacré"* mais plutôt, entre deux feux prophylactiques, ou encore, dans la fumée purificatrice du Tantad, après que les jeunes gens ont fini, quant à eux, de sauter, en couples par dessus les braises du feu expirant, et de danser autour des ultimes flammes, vient le moment de s'occuper des Anaon, et de leur céder la place. Car le feu de *kala hañv,* les calendes d'été, réchauffe aussi sûrement leurs membres transis et grelottants que celui de *kala goañv*. Souvestre écrit simplement que *"des sièges vides sont disposés autour des flammes. Ils sont destinés aux ombres des morts qui viennent s'y placer pour écouter les chants et contempler les danses."* Le Braz est plus précis : *"La prière terminée, l'ancien* (qui a récité les grâces) *se lève, chacun en fait autant, et tout le monde, rangé sur une file, se met à marcher en silence autour du tantad. Au troisième tour, on s'arrête. Chacun ramasse un caillou et le jette dans le feu. Ce caillou s'appelle dès lors Anaon. Ce rite accompli, la foule se disperse. Dès que les vivants ont disparu, les morts accourent, car le feu attire les morts, les morts qui ont toujours froid, même dans les belles nuits tièdes du mois de juin. Ils sont heureux de pouvoir se chauffer à ce qui reste du tantad. Ils s'asseyent sur les pierres, sur les anaon qui ont été mis là à leur intention. Et jusqu'au matin ils se chauffent."* Ensuite de quoi, les Anaon regagnent leur séjour de relégation. Quant aux vivants, au petit matin, il est d'usage qu'ils s'en viennent visiter les restes du bûcher de la veille. Et celui dont l'*Anaon*, ou plus exactement la pierre qu'il a mise à disposition de l'Anaon, est retournée, il doit s'attendre à trépasser dans l'année…

Ultime étape…

Car le trépas est une épreuve qui attend chacun, même les plus robustes, les plus braves, ceux dont la bonne santé s'affiche avec certitude et arrogance. Une épreuve difficile, que celle qui consiste à passer d'un monde à l'autre. Une épreuve pour laquelle une aide n'est jamais superflue. Une épreuve précédée parfois par une messe dite de "tu-pe-zu" par Alexandre Bouët et que le poète morlaisien Tristan Corbière écrit "tu-pe-tu". Une messe de la dernière chance en quelque sorte. Une messe à laquelle celui qui était atteint d'un mal en apparence incurable se devait de participer, pour décider de son sort, ou du moins pour connaître son destin. Saint Tu-pe-Tu, comme son cousin Sant Diboan, mot à mot "sans douleur", sous entendu, qui enlève toutes les douleurs, sous entendu par le repos… éternel, est à n'en pas douter l'un de ces multiples petits thaumaturges qui sentent le fagot en haut lieu ecclésiastique. Le peuple, au fond, ne l'en aimait que mieux. Même le peuple du Léon, pourtant réputé dans les autres diocèses pour sa soumission aux injonctions d'un haut clergé sourcilleux sur l'orthodoxie du culte. Une fois par an, nous dit l'auteur des *Amours Jaunes*, les croyants – sans doute pèlerins par procuration –, s'en vont rendre visite à ce petit saint en sa demeure, pour lui demander la délivrance d'une vache pleine parfois. Mais bien plus souvent celle d'un malade de longue durée. *"L'oracle,* écrit Corbière, *fonctionne pendant la grand'messe. : l'officiant fait faire, pour chacun, un tour à la Roulette-de-chance, grand cercle de bois fixé à la voûte et manœuvré par une longue corde que Tupetu tient lui-même dans sa main de granit. La roue, garnie de clochettes, tourne en carillonnant ; son point d'arrêt présage l'arrêt du destin : - d'un côté ou de l'autre.*

Malgré les oracles et la secourable intercession de ce Tupetu providentiel, il arrive que le calvaire du moribond s'éternise un peu trop, au gré du principal concerné comme de ses proches. Alors, l'ensemble du clan décide d'aider le saint à le faire passer de l'autre côté. Un peu. Un tout petit peu. A cette fin, il utilisera un outil imparable, un outil éprouvé par des siècles de pratique religieuse assidue : le *mel benniget*. Autrement dit le "marteau bénit". Un instrument magique lui aussi, qui, asséné par le doyen ou la doyenne du village, a toutes les caractéristiques voulues pour abréger les souffrances du malheureux. *"Autrefois,* écrit Zacharie Le Rouzic, *les gens vivaient tellement vieux qu'il fallait leur casser la tête avec un marteau bénit, et chaque fois que l'agonie dure chez un mourant, l'on dit : "Re vou kemiret er mel benniget ei vet i achiú." (Il faudra prendre le marteau bénit pour le finir)."* Ce "marteau" était généralement une grosse pierre ronde, dont le diamètre pouvait atteindre 42 centimètres. Il était conservé dans les chapelles anciennes de la paroisse.

M. Aveneau de la Grancière, au Congrès de l'Association Bretonne de Guérande, en 1899, rapporta les faits suivants, survenus un peu plus de soixante ans plus tôt au hameau de Poulharff, en Malguénac, près de Pontivy : La fille du malheureux Mathô-Talen, âgé de 85 ans et cloué au lit depuis une bonne dizaine d'années, sollicita le *mel-benniget*, que son père réclamait pour abréger ses souffrances.

Le bedeau de la chapelle Saint-Maltro, qui avait en charge la garde du marteau sacré, s'en alla le prendre dans un réduit secret aménagé dans le mur de l'édifice, puis se dirigea d'un pas assuré vers la ferme où le moribond attendait sa délivrance, entouré comme il se doit de toute sa communauté. Il confia la pierre à la Mamm Goh, la "grand-mère", surnommée ainsi à cause de ses fonctions religieuses bien sûr mais aussi en raison de son âge cononique, qui s'en empara, d'un geste auguste et recueilli. Zacharie Le Rouzic dresse de l'ancêtre un portrait haut en couleur. Sous sa plume, elle prend tour à tour l'aspect hiératique des vierges de Killdara et des prêtresses de l'île de la Loire décrites par Strabon. On croit faire une plongée de deux millénaires dans le temps : *"Elle ne faiblit point, serrant sur sa poitrine osseuse son lourd fardeau, ses yeux brillent maintenant d'un éclair mystérieux : de sa main droite, restée libre, elle se signe trois fois, puis, prenant la pierre, l'élève de ses deux bras, la brandissant au-dessus de sa tête. Tous les hommes, femmes et enfants qui, au bas du lit, sont réunis, frissonnent, claquent des dents(...) Puis, élevant encore la droite, les yeux éclairés d'un feu sombre, ressemblant ainsi à une prêtresse antique, elle s'écrie d'une voix aiguë perçant les fureurs de l'ouragan : Par la sainte Trinité, au nom du père, du fils et du Saint-Esprit, grâce au* mel-benniget *de Saint-Maltro, délivrance des vieillards, repose en paix Mathô-Talen, car tu as bien vécu."* La lourde pierre s'abat avec fermeté et précision sur le crâne de l'agonisant. C'est fini. Le vieux Mathô rend son dernier soupir. Ses souffrances sont abrégées, grâce à la sollicitude des siens.

le passage de l'âme

Soulagé enfin, libéré de cette enveloppe corporelle qui, depuis de longs mois déjà, le fait horriblement souffrir, le moribond peut enfin rendre son âme à Dieu. Mais, tout comme la cérémonie d'euthanasie naturelle et traditionnelle, cette étape ultime de la vie n'est pas toujours facile à réaliser. Elle est elle aussi, un "rite de passage", et l'un peut-être des plus délicats.

D'abord, *"on n'attend généralement pas qu'il (le moribond) ait rendu son dernier soupir, ni perdu toute connaissance pour allumer à son chevet une "chandelle bénite" (eur goulou benniget)"* nous dit Le Braz dans *La Légende de la mort*. Et dès qu'il entre en agonie, on trace avec cette chandelle, un signe de croix sur son visage. Alexandre Bouët, un bon demi siècle plus tôt prétendait même que le geste devait être renouvelé trois fois. *"C'est,* ajoute Le Braz, *pour faciliter la séparation de l'âme d'avec le corps."*

L'âme s'échappe alors, par la bouche ouverte de l'agonisant. Comme le montre la *gwerz Diougan Gwenc'hlan*, du *Barzaz Breiz : "Na te lavar d'in me, touzek/Petra rez aze, korn ar vek ?/ Me a zo amañ em laket/C'hortoz he ene da zonet." ("Et toi, dis-moi, crapaud, que fais-tu là au coin de sa bouche ? / Moi, je me suis mis ici pour attendre son âme au passage.")*

La bouche est d'ordinaire la porte de sortie de l'âme. Mais pas toujours. Dans le cas des pendus, la gorge étant par trop serrée, elle a toutes les peines du monde pour s'en extraire. Aussi choisit-elle, d'après la tradition populaire un autre chemin, situé un peu plus bas, très précisément à la base du dos. Ce qui a entraîné bien des déboires et bien des déceptions chez certains diablotins et autres démons, chargés d'accueillir les âmes pour les conduire directement en Enfer. Ce qui tend à prouver deux choses : d'abord que les démons bretons paraissent au fond plus bêtes que proprement maléfiques. Comment expliquer sinon, qu'au bout de plusieurs siècles, voire millénaires, ils n'aient tiré aucune leçon de leurs étranges

mésaventures ? Ensuite qu'à l'opposé de la conception chrétienne et catholique, surtout celle issue de la Contre Réforme, les Bretons Armoricains se refusent à blâmer et à condamner irrémédiablement des pauvres hères acculés au suicide par les vents mauvais du destin…

L'âme sortie de la bouche- ou d'une autre partie, jugée ordinairement moins noble de l'individu- doit encore se frayer un chemin jusqu'au ciel. C'est pour l'y aider que dans les fermes bretonnes du XIXe siècle encore, on multiplie les précautions. Le Braz nous apprend que : *"Tant que le cadavre n'a pas quitté la maison mortuaire, il ne faut ni balayer le parquet, ni épousseter les meubles, ni jeter dehors aucune poussière ou balayure, de crainte d'expulser aussi l'âme du mort et d'attirer sur soi ses vengeance."* La maîtresse de maison sait aussi qu'elle doit prendre un soin très particulier des récipients contenant des liquides. Sur ce point Alexandre Bouët et Anatole Le

Braz livrent des témoignages contradictoires. A cause des secteurs géographiques dans lesquels ils ont mené leurs enquêtes, ou du demi siècle qui les sépare ? Le premier prétend qu': " *On a soin de tenir tous les vases remplis d'eau, pour que l'âme ne cherche pas à se purifier dans le lait, qu'elle pourrait corrompre."* Le second, au contraire écrit qu': *"il faut avoir soin de couvrir tout liquide, le lait excepté, afin que l'âme de risque pas de s'y noyer."* Il est vrai que toute la Tradition atteste et confirme cette attirance des mort pour le lait de vache.

L'*ene* ayant réussi à éviter ces dangereux pièges à âmes, il lui reste encore à trouver le chemin du ciel. C'est pour l'y aider que dans toute maison bretonne digne de ce nom, on étendait un drap blanc sur le lit, et que l'on en accrochait deux autres aux poutres du plafond, de chaque côté de la table accolée à la fenêtre, nécessairement ouverte pour la circonstance. L'âme pouvait ainsi s'envoler jusqu'au ciel, surtout si les vivants avaient pris soin d'épingler sur les draps de pimpants rameaux de gui, la "plante de toute santé" des druides. La partie n'était pas gagnée pour autant. L'âme, le plus souvent, monte au ciel, sous la forme d'un oiseau. La Villemarqué raconte qu'un jour, en plein pays trégorrois, où il suivait de l'œil le vol d'une alouette qui s'élevait en chantant dans les airs, un vieux paysan s'approcha de lui et lui confia, sur le ton de ceux qui savent : *"Elle chante bien gaiement, n'est-ce pas ? me dit-il enfin. Mais je parie que vous ne comprenez pas sa chanson – Je l'avouai.*

– Eh bien, continua-t-il, voici ce qu'elle chante :

Per, digor ann nor d'in

Birviken na bec'hinn

Na berc'hinn, na berc'hinn ! –

"Saint Pierre, ouvre moi la porte ; je ne pécherai plus jamais, plus jamais, plus jamais !"

– Nous allons voir si on lui ouvre- continua le paysan.

Au bout de quelques minutes, comme l'oiseau descendait, il s'écria :

– Non, elle a trop péché. Voyez comme elle est de mauvaise humeur ! L'entendez-vous, la méchante, l'endurcie ?

– Perc'hinn ! Perc'hinn ! Perc'hinn !

"Je pécherai ! Je pécherai ! Je pécherai !"

Les collecteurs et autres auteurs folkloristes n'ont pas tort : il doit rester, au fond du cœur et de l'esprit des Bretons armoricains du XIXe s et du début du suivant, un fond de religion et de spiritualité très ancienne. "Celtiques" dit le choeur des auteurs ethnologues avant la lettre. Et "druidique". "Chamanique" dirait le barde-druide – musicien Pascal Lamour aujourd'hui –. Et d'autres avec lui. Peut-être bien un peu. Car comme les druides d'autrefois, comme les prêtresses de l'île de Sein, comme Merlin et comme Taliesin, les âmes sont protéïformes. *"Sell, na welez ket c'hoaz ine eur c'hapiten daonet o tont da glask affer diouzomp ?"* (Regarde, ne voilà-t-il pas encore l'âme d'un capitaine damné qui vient nous chercher noise ?) s'écriait un matelot de Paimpol en voyant voler vers lui un stanicle, qui répond aussi au plus joli nom de pétrel ? Un petit oiseau de mer noir, tout noir, aux pattes courtes et palmées, dans l'enveloppe duquel se nichent les âmes des capitaines qui se sont montrés brutaux ou cruels avec leurs équipages. Ce n'est évidemment pas la seule forme sous laquelle les âmes peuvent continuer une sorte de vie intermédiaire qui n'est au fond ni la vie terrestre, ni pleinement celle de l'Au-delà. Celles qui ont des comptes à règler avec le Seigneur se traînent lamentablement sous l'apparence d'horribles barbets noirs, comme nous le verrons dans le chapitre sur les Conjurés, ou encore de chats de la même couleur. Les moins gravements atteints peuvent encore *"accomplir leur pénitence* (Le Braz), *sous la forme d'une vache ou celle d'un taureau, suivant le sexe qu'elles avaient de leur vivant."* On s'en doutait un peu. Mais, pour s'accorder à la morale bretonne, les âmes des riches sont parquées dans des champs stériles où ne poussent que de misérables herbes maigres et des cailloux, quand celles des pauvres broutent de la bonne herbe grasse, du trèfle et de la luzerne. Par comble de malheur pour elles, les âmes des riches ne sont séparées de celles des miséreux que par un petit muret de pierres sèches et peuvent ainsi, à longueur de temps, se morfondre sur leur triste sort. *"En vérité, à quoi servirait l'Autre Monde, s'il n'était opposé au nôtre ?"* commentait sagement Henri Barré, de Pont l'Abbé, en 1887.

Pointe Saint-Mathieu (Lok Mazé)
Plougonvelin (Finistère)
à la tête du monde,
où passent les âmes en transit.

Omniprésence de l'Autre Monde

L'Autre Monde, justement, en Bretagne il est partout. Ou presque. Omniprésent, il double de nôtre, celui des mortels. Il le jouxte et le côtoie à tel point que nombreux sont, de tout temps, les points de passage pour y accéder. Voire pour en revenir. Points de passages temporels, bien sûr, mais aussi spatiaux. Sinon de toute éternité, du moins depuis la plus haute Antiquité. Est-ce à cause de ce que Renan nommait l'"imagination" celtique, qu'il jugeait "infinie" comparée à celle des Grecs et des Latins ? Peut-être bien. Du reste, le même philosophe trégorrois, qui avait acquis une connaissance si fine, si approfondie de l'esprit de son peuple, n'écrivait-il pas encore dans son prodigieux essai *Poésie des races celtiques* que *"cette race veut l'infini"*, qu' *"elle en a soif,"* qu' *"elle le poursuit à tout prix, au-delà de la tombe. Au-delà de l'Enfer"*. Et encore que *"les Bretons cherchaient dans l'hydromel ce qu'Owen, Saint Brandan et Peredur poursuivaient à leur manière : la vision du monde invisible."* Ce monde invisible que Gwenc'hlan, le dernier druide, voit, au-delà de ses yeux, dans sa trouble réclusion. Ce monde invisible qui est là, tout autour, impalpable et cependant si terriblement présent. Un monde mystérieux, tissé d'envoûtements et de sortilèges où accèdent les héros tués au combat. Comme Arthur Breizh, qui, blessé mortellement à la bataille de Camlann par son fils et demi-neveu Modred, est emporté aux îles d'Avalon, par Morgane, sa demi sœur et les neuf prêtresses qui l'accompagnent. Oui, un monde où, dans la mythologie celtique, les héros sont entraînés, souvent par les belles messagères qui viennent les chercher, aux environs de Samain-Samonios-La Toussaint et qui les y attirent au moyen d'une grosse pomme rouge. Comme ce Condle qui fut contraint – contre son gré ? – de suivre sa fée, malgré toutes les incantations et toute la science déployée par le druide de son père Conn.

Un autre monde fait de joie, de bonheur, de délices et de félicité. Un Autre Monde somme toute comparable au Jardin des Délices de l'Islam. Un monde merveilleux auquel on accède par la mer, au moyen d'une barque de cristal, du moins dans les textes de la mythologie celtique retranscrits au Moyen Age par les moines copistes irlandais, ou encore par les portes que constituent les lacs ou les tertres du néolithique comme celui de Newgrange-Brug na Boyne, en Irlande. Un monde caractérisé, à l'inverse du Walhalla scandinave, par l'absence de conflits et de luttes autres qu'épisodiques et très occasionnels. Un monde nommé Sidh en Irlandais, ce qui signifie "la paix", et caractérisé selon C-J Guyonvarc'h et Françoise Le Roux par l'absence de hiérarchie, *"la consommation de mets succulents et inépuisables, l'absorption de boissons enivrantes (...) et l'abolition du temps et de l'espace."*

Une conception liée consubstantiellement à la croyance signalée par César et par de nombreux auteurs grecs et latins, en l'immortalité de l'âme.

Renan va plus loin. Il en fait la conséquence des défaites accumulées par les peuples brittoniques tout au long de leur Histoire. Les héros : Arthur, mais aussi Lemenik, Morvan Lez Breizh, ou Conan Mériadec, y attendraient patiemment, à la tête de leurs troupes, de leurs soldats caparaçonnés de broignes et de fer, de leurs porte-enseignes et de leurs dragons, le moment propice pour venir libérer leur peuple de l'occupation étrangère. *"De là,* écrit-il, *ce dogme de la résurrection du héros, qui paraît avoir été un de ceux que le christianisme eut le plus de peine à déraciner. De là ce messianisme celtique, cette croyance à un vengeur futur qui restaurera la Cambrie et la délivrera de ses oppresseurs. Cette main qui sort du lac quand l'épée d'Arthur y tombe, qui s'en saisit et la brandit trois fois, c'est l'espérance des races celtiques. Les petits peuples doués d'imagination prennent ainsi leur revanche sur ceux qui les ont vaincus (...) Presque tous les appels au surnaturel sont dûs à des peuples espérant contre toute espérance."*

C'est vrai. Sans doute. En partie. Mais en partie seulement. Comment sinon expliquer que, dès l'Antiquité, à l'époque de la Celtie indépendante, soit avant la série de catastrophes militaires et politiques qui se sont abattues d'abord sur la Celtique continentale, puis sur la Bretagne insulaire, puis sur la Bretagne continentale, les peuples autochtones, Osismes, Coriosolites et autres Vénètes étaient déjà persuadés de vivre là, au bord du monde, un pied dans ce monde ci, un pied dans l'autre, l'oreille collée au grand mystère et environnés du séjour des âmes. Dans toute

l'Antiquité, l'Armorique, notre Bretagne armoricaine, est un véritable embarcadère pour l'Au-delà. "Une porte ouverte vers l'Autre Monde" précise C-J Guyonvarch. Tzétzès, écrit, paraphrasant Procope : *"Sur le littoral qui entoure la Bretagne (continentale), habitent des pêcheurs (...)Pendant leur sommeil, ils entendent autour de leur maison, une voix qui les appelle et ils ont l'impression qu'un bruit se fait à leur porte. Ils se lèvent, trouvent des embarcations étrangères pleines de passagers, montent à bord et, d'un trait, parviennent en Bretagne (insulaire) à l'aide du seul gouvernail, alors que c'est à grand peine qu'ils font le trajet en un jour et une nuit, toutes voiles déployées, quand ils utilisent leurs propres bateaux. Ils débarquent là bas les passagers inconnus qu'ils ont conduits. Sans voir personne, ils entendent les voix de ceux qui les accueillent, qui les appellent par leur nom, par leur tribu, par leurs liens de parenté et par des signes convenus. Ils entendent les passagers répondre. Puis, d'une seule impulsion, ils retournent vers leur pays en s'apercevant que leur vaisseau est allégé du poids de ceux qu'ils ont conduits."*

L'épée d'Arthur, venue de l'Autre monde, retourne à l'Autre monde.

Ce texte est corroboré par celui de Claudien, du IV e s de notre ère, qui écrit que : *"Là où s'étend le rivage le plus lointain de la Gaule, il y a un endroit entouré par les eaux de l'océan et où l'on rapporte qu'Ulysse, par des libations de sang, mit en mouvement le peuple des morts. Là on entend le faible sifflement des ombres qui gémissent en volant. Les paysans voient partir les troupes pâles des morts."*

Ce n'est donc pas à la colonisation bretonne que la Bretagne armoricaine doit son statut de pays des morts.

Mais depuis ce temps, les Bretons n'ont abdiqué ni leurs croyances dans le surnaturel, ni leur attachement viscéral à cet Autre Monde, qu'ils n'ont d'ailleurs eu de cesse de rechercher. Alain de l'Isle, en plein XIIe siècle, n'écrit-il pas que les Bretons armoricains, tous comme leurs cousins insulaires, les Gallois, assurent que le roi Arthur reviendra un jour, sur une nef de verre, à la tête de son armée, pour libérer le pays ?

Le folklore breton se fait, encore tardivement, l'écho de cet imaginaire flamboyant et sans doute, c'est vrai, un peu nostalgique et mélancolique comme le pense Renan. Les îles, la mer, pour le paysan breton du littoral ou pour le pêcheur, sont toujours un monde merveilleux où évoluent les Anaon et les créatures fabuleuses. Il y situe, comme ses ancêtres du Ve siècle, le séjour des âmes.

Au large de la pointe du Raz, un îlot rocheux, où tardivement l'administration des phares et

balises construisit un phare pour le secours des navires croisant dans ces terribles parages, est battu par les tempêtes neuf mois sur douze. Situé dans l'un des secteurs les plus périlleux, les plus difficiles pour la navigation, de toute l'Europe, il est l'un des lieux de prédilection des âmes en instance.

Sur ces quelques arpents de roche noire, les âmes sont aussi serrées que des sardines dans les boîtes de fer blanc des usines de Douarnenez. Force est de constater que l'Autre Monde celtique – le Tir na n'Og des Irlandais – n'est plus que l'ombre de lui-même. La superficie est considérablement réduite, et les "délices" du séjour ont fait place à des peines et à des souffrances. D'abord parce que leur transport s'apparente bien plus à la déportation des bagnards à Cayenne sur le La Martinière qu'à un voyage d'agrément. Le *bag-noz*, "bateau de la nuit" chargé de ces âmes en instance a tout d'un "hollandais volant" perdu dans les tempêtes quasi permanentes de ce bout du monde. On le voit souvent surgir, à la tombée de la nuit, sans que l'on sache réellement de quelle direction il vient ni vers où il se rend. Voguant avec un pavillon en berne et toutes voiles dehors, il s'évanouit dès lors qu'on le regarde, pour réapparaître, à l'instant suivant, sur un autre point de l'horizon. Il semble perpétuellement sur le point de sombrer. Ses flancs sont chargés d'âmes que dans les parages, on nomme les *crierien*, parce qu'elles passent le plus clair du voyage à se plaindre et à se lamenter.

Déposées sur le rocher perdu de Tévennec, les âmes des trépassés ne semblent guère s'y plaire davantage que dans la panse de bois du *bag-noz*. L'endroit n'est pas bien famé. Les marins l'évitent. Et les gardiens du phare eux-mêmes lui préfèrent d'autres affectations, même plus loin du continent. Une nuit où, selon Gaïd Alain, de Plogoff, l'un d'eux était descendu du logement de fonction pour pêcher à la ligne au bord du rocher, il se sentit rudoyé et agrippé par une main invisible, tandis qu'une voix puissante et apparemment très irritée, lui disait : *"Kerz d'eus va flas !"* (retire-toi de ma place).

L'Esprit de Tévennec

C'est une histoire bien étrange et bien inquiétante en vérité, qui survint, vers le milieu du XIXe siècle, à Henri Portzmoguer, dit "Tonton Ri", un gardien de phare originaire de l'île de Sein, qui venait de prendre son service sur la sinistre île de Tévennec. Le bonhomme savait bien, et depuis longtemps, les récits lugubres qui couraient, dans la région, à propos de ce caillou chahuté par les vents mauvais et contesté par la mer. Il savait. Il savait que : *"du plus loin qu'on se souvienne, cette pierre à naufrages a été considérée comme un endroit hanté par les morts de la mer. Avant qu'on ne l'eut surmontée d'un phare, ils s'y agrippaient, dit-on, aussi nombreux que les cormorans à leur rocher de prédilection."* Aussi, on le comprend bien, c'est la mort dans l'âme et plein d'inquiétude et d'appréhension que le malheureux rejoignit son poste lorsque l'ordre lui fut donné par l'administration des phares et balises. Ses doutes hélas, ne tardèrent pas à être confirmés. Au-dessus de sa tête, sur le plafond de sa chambre, des pas inconnus, la nuit, le glaçaient jusqu'aux os et l'empêchaient de trouver un sommeil réparateur. Pire encore, parfois une voix tout aussi inconnue, tout aussi sinistre et languissante, l'appelait par son nom, sans qu'il pût, lui Tonton Ri, savoir précisément d'où elle venait. De qui pouvait-il s'agir. Ou de quoi ? Quel était ce prodige dont le gardien de phare, à moitié mort de peur, se serait volontiers passé. Il avait appris, peu avant d'embarquer pour son lieu de relégation, qu'un navire étranger avait sombré là, au milieu des épouvantements, dans les parages immédiats de Tévennec, et que de tout l'équipage, un seul marin avait réussi, en bravant les courants violents et sans pitié, à se hisser sur ces rochers perdus. Durant quatre jours et quatre nuits, il avait désespérément appelé à l'aide sans que quiconque ne l'entendît, ou n'osât venir lui porter secours, croyant sans doute qu'il s'agissait encore d'un mauvais tour des *crierien*...

Lorsqu'enfin la tempête se calma et permit à une chaloupe de débarquer sur Tévennec, l'étranger avait rendu son âme à Dieu et son corps avait disparu sans laisser de trace.

Tonton Ri revint en permission sur le continent. Et par crainte de la solitude, ou pour accéder aux suppliques du bougre, il accepta de se faire accompagner par Cléden Guilcher, un cousin de sa femme, réputé être une forte tête et un esprit positiviste. Seulement voilà ; à peine eurent-ils débarqué sur Tévennec et pris leurs quartiers respectifs, les bruits recommencèrent, plus distincts, plus impatients, plus véhéments que jamais. Henri s'en ouvrit à son cousin par alliance qui traita la chose avec désinvolture.

– Eh bien, invite le à trinquer avec nous, cet esprit, fit Cleden du ton assuré et un peu espiègle de celui qui n'a peur de rien, surtout pas des fantômes. Tu verras qu'il se calmera.

Il faut croire que l'esprit du marin inconnu n'appréciait pas la dérision : les défunts n'aiment pas que l'on se moque d'eux. A peine Tonton Ri eut-il monté les marches qui menaient à l'étage, une force inconnue et herculéenne le plaqua à terre. Sous la douleur, il s'évanouit. Et lorsqu'il reprit connaissance, au bout d'un long moment, il était moulu et contusionné de partout ; son corps entier n'était plus que souffrances. Il eut idée de ce qui venait de se passer, contre sa volonté, lorsqu'il vit les cheveux ébouriffés et le regard perdu et terrorisé d'un Cleden dégoulinant de sueur froide émerger de dessous le lit où il s'était caché pendant les "événements". *"Le lendemain,* conclut Tonton Ri dans son récit, *je m'étonnai de ne pas me réveiller avec les cheveux blancs, et quinze jours plus tard, j'avais donné ma démission. L'esprit de Tévennec m'avait dégoûté à jamais du métier de gardien de phare."*

On le voit ; l'Autre Monde incarné dans ces quelques arpents de roche nue et sinistre n'a que peu de rapport avec celui des Celtes de l'indépendance. Mais il en constitue une sorte d'avatar, un avatar amoindri et "dégénéré", une filiation, une sorte d'héritage rebelle à la christianisation du pays. *"On retrouve chez eux* (Les Bretons), *très reconnaissables encore, sous des modifications de détail, les vestiges de la double tradition irlandaise qui voit dans l'autre monde tantôt une région souterraine, tantôt une région marine.* Écrit Le Braz. *(la seconde est figurée par un îlot rocheux, le Tévennec, au large de la pointe du Raz. Comme dans le récit de Procope, les morts y sont conduits en barque)."* La différence avec la croyance antique est cependant de taille : autant le Tir na n'Og est un séjour de joie, de bonheur et de félicité, autant Tevennec est un lieu sinistre, un lieu de relégation et presque d'épouvante. Dans le premier cas, les âmes de ceux que l'on appelle d'ailleurs les "Vivants" y sont heureuses et épanouies. Dans le second, au contraire, elles n'y connaissent que tourments.

Les villes englouties...

Le Braz a raison. Pour Tévennec. Mais pas pour toute la Tradition populaire bretonne. Que penser en effet de cette ville engloutie, de cette ville d'Is (la basse), surnommée ainsi précisément parce qu'elle se situe au-dessous du niveau de la mer, cette cité fabuleuse qu' Ahès-Dahud, l'ardente, la très belle fille du roi Gradlon a fait construire aux dépens des flots, pour y abriter ses rêves de liberté ?

La tradition chrétienne, tous les récits hagiographiques, présentent le princesse dont le nom vieux celtique se traduit par "la bonne magie" comme une sorte de grande prostituée. Et attribue la submersion de la ville, sorte d'Atlantide bretonne, à une punition dont auraient été victimes et Dahud elle-même, et ses sujets, en raison de la "débauche" qui aurait régné à Is en permanence. L'ecclésiastique Albert Le Grand, dans sa *Vie des Saints de Bretagne Armorique* écrit à propos de cette destruction par les flots, que la *"cause principale en fut la princesse Dahud, fille impudique du bon Roy (Gradlon), laquelle périt en cet abysme."* Le Braz, croit-il encore en cette version, si policée, si christianisée, si propre sur elle, de cette légende ? Pas si sûr, car déjà, avant même le début du siècle, il publie à propos de l'engloutissement de la cité rebelle, un commentaire savant et adroit de son confrère et ami Georges Dottin, le doyen de l'Université de Rennes : *"En Galles, on parle d'une ville engloutie au fond de la mer à Caer Loda ; sous le Llyn Syfaddon, il y a une ville disparue dont on entend les cloches (...) Dans une autre légende galloise, un lac aurait été formé et une ville aurait été submergée par la faute d'une femme qui avait oublié de fermer un puits qu'il était nécessaire de tenir toujours clos."* Et enfin : *"Seithynin, le roi de Dyvet, dans un jour d'ivresse, lâcha la mer sur les Etats de Gwyddno Garanhir ; on met ces États sur l'emplacement de la baie actuelle de Cardigan."* Dès avant 1900, Georges Dottin a l'intuition que la légende n'est que la version populaire et légèrement christianisée, en tous cas moralisée par les divers littérateurs qui s'en sont emparés, d'un vieux mythe commun aux nations brittoniques et même au-delà à l'ensemble des peuples celtiques.

Plus d'un demi-siècle avant lui, La Villemarqué, déjà, avait eu la certitude de découvrir un continent englouti. *"La tradition relative à la destruction de la ville d'Is remonte au berceau de la race celtique,* écrit-il dans les notes relatives à sa *Livadenn Keris* recueillie dans le dialecte de Cornouaille, *car elle est commune aux trois grands rameaux de cette race : les poètes bretons, gallois et Irlandais l'ont chantée et on la trouve localisée en Armorique, comme en Cambrie, comme en Irlande (...) Les marins gallois de la baie de Cardigan, qui occupe aujourd'hui, dit-on, le territoire submergé, prétendent voir, sous les eaux, les ruines d'anciens édifices."*

La Ville d'Is est en fait l'un de ces fragments de l'Autre Monde qui, dans l'imaginaire des paysans et des pêcheurs bretons du XIXe s, ceinture la Bretagne armoricaine, comme il le faisait pour leurs ancêtres Osismes ou Coriosolites. François-Marie Luzel, dans ses *Notes de voyage en Basse-Bretagne* écrit : *"Saint-Michel-en-Grève est un lieu célèbre dans les légendes et les vieilles traditions du pays de Lannion. Dans nos contes de veillées, cette belle grève passe pour recouvrir l'antique et légendaire ville d'Is. Les paysans qui viennent prendre du*

sable, de l'intérieur des terres, vous diront que souvent leur pelle a heurté contre des pierres qu'ils prenaient pour les sommets des tours et des monuments de la ville engloutie."

s Dahud, par Jacques Lamontagne, inateur de la série Druides" chez Soleil

C'est que, dans la Tradition populaire du XIXe siècle, la ville d'Is s'étend en réalité de Douarnenez à Port-Blanc. Souvestre confirme Luzel : *"Le vieux mendiant d'Yar, lui a dit* (à Périk Skouarn, le héros du conte A lew drez), *que là où se trouve maintenant la dune de Saint Efflam, s'étendait autrefois une ville puissante ; les flottes de cette ville couvraient la mer et elle était gouvernée par un roi ayant pour sceptre une baguette de coudrier avec laquelle il changeait toute chose selon son désir."* Les pêcheurs trégorrois assurent encore que les Sept-Iles en sont des ruines et que la plus belle église de la cité d'Ahès-Dahud s'élevait à l'endroit où se trouvent aujourd'hui les récifs des Triagoz. Une église ? A Is ? En un lieu si hostile, si intrinsèquement opposé à la parole du Christ ? Sans doute le peuple, n'ayant jamais renoncé à ses anciennes divinités, n'ayant jamais abjuré ses anciennes croyances, contourne-t-il ici le problème et l'opposition par un syncrétisme dont il a le secret. Car à ses yeux, Is n'a pas disparu suite au cataclysme. Elle survit. Sous les eaux. Ses habitants y continuent les activités qui les occupaient lorsque les écluses lâchèrent. Elle a décidément toutes ou presque toutes les caractéristiques du Tir na n'Og celtique. La vieille Jeanne-Marie Bénard, de Port-Blanc, assurait que *"dans les façades (de ses palais), s'ouvraient des milliers de fenêtres"*, que : *"les toits y étaient luisants et clairs comme s'ils avaient été de cristal."* et enfin, que sa mère, qui eut un jour la chance d'apercevoir la ville engloutie, témoigna qu'*"elle y entendit distinctement les cloches sonner dans les églises et le murmure de la foule dans les rues."*

Is n'est donc pas morte, noyée sous des eaux rédemptrices, punitives et purificatrices. Elle est là, à portée de regard. A quelques brasses. Visible et invisible. Comme de l'autre côté du miroir. Pire ou mieux, selon le côté où l'on se situe : elle attend, patiemment, son heure. Celle de sa résurrection. Presque de sa revanche. Comme si le peuple de Bretagne n'avait jamais accepté sa destruction, il assure à qui veut l'entendre et en premier lieu aux bataillons de collecteurs qui alors courent les campagnes bloc-note en mains à défaut de dictaphone, qu'un jour, tout simplement, elle renaîtra. François-Marie Luzel, affirme que : *"les habitants de ces rivages vous disent gravement que la ville d'Is reparaîtra un jour, plus riche et plus brillante que jamais."*

Ces propos sont amplement confirmés par les collectages de Le Braz auprès des humbles. Un jour que deux garçons de Buguélès, selon Françoise Thomas, de Penvénan, étaient allés ramasser du goémon sur l'île Saint Gildas, ils rencontrèrent une très vieille femme pliée en deux sous un lourd fardeau de bois mort. Elle les supplia alors de l'aider à sa besogne mais ne récolta qu'horions et quolibets. *"Maudits soyez-vous s'écria la vieille. Si vous aviez répondu : oui, vous auriez ressuscité la ville d'Is."*

Entre Saint-Michel-En-grève et Saint Efflam, tout un chacun sait encore que, tous les sept ans, selon Le Braz, *"chaque année"* pour Souvestre, durant la nuit de Noël selon Le Braz, pendant celle de la Pentecôte pour Souvestre – mais qu'importe ! –

le Roc'h Hir Glaz, le Grand Rocher de basalte vert qui domine la profonde échancrure qu'est la baie de Lokmikael/Saint-Michel-en-Grève, s'ouvre sur une ville fabuleuse qui elle aussi fut *"engloutie par les flots d'une eau bouillonnante"*. Tout autour de la lieue de Grève, Al Lew Drez, personne n'ignore que dans la dernière salle du palais alors accessible durant les douze coups de minuit, est suspendue la baguette de coudrier du roi, qui donne tout pouvoir, et que celui qui serait assez habile pour se faufiler dans l'échancrure très provisoire du rocher, et parviendrait à s'en emparer, accéderait à la Connaissance et à l'omnipotence des druides anciens. Et surtout, assure la vox populi, qui semble y accorder une importance bien supérieure, s'il parvenait à ressortir des entrailles de la montagne avant le douzième coup de minuit, la ville ressusciterait !

Il semble que les Bretons ne soient décidément pas faits à l'idée de cette disparition irrémédiable et définitive de l'Autre Monde, et surtout que, contrairement au haut clergé, ils ne portent sur la ville d'Is aucun jugement moral et qu'eux, si pieux, si religieux, si empreints de spiritualité, ne la condamnent pas davantage que leurs ancêtres païens.

Quant à Ahès-Dahud, la "bonne magie", elle partage, dans l'imaginaire collectif, le sort de sa ville. Dans la Tradition populaire, elle est ambiguë, certes, comme le sont toutes les femmes de l'Autre Monde. Hésitant entre le statut de fée et celui de déesse, voire de prêtresse des divinités anciennes, elle n'est pas plus mièvre que ne le sont la femme qui vint chercher Condle, ou la Morgane du roi Arthur. Mais elle n'est pas non plus maléfique ni négative. D'ailleurs, contrairement aux affirmations de l'ecclésiastique Albert Le Grand, elle n'a pas "péri" dans les eaux. Comment aurait-elle pu périr dans ce qui est son élément par excellence ? Non, elle continue, au large de la Bretagne, entre la Pointe du Raz et l'île de Sein, une existence immémoriale. Les pêcheurs de la côte occidentale la connaissent bien. Au fond ils l'aiment autant qu'ils la craignent. Elle fait partie de leur monde et de leur quotidien. Elle nage, là bas, entre deux eaux, sous une des formes que peuvent adopter les druidesses et les fées, dotée d'une merveilleux buste de femme et d'une énergique queue de sirène. *"Ahès ou Dahud, la fille unique du roi Gradlon,* racontait à la fin du XIXe siècle la vieille Tine Fouquet, *continue de hanter la mer (...) Seulement elle a changé son nom d'Ahès ou de Dahud contre celui de Mary-Morgane. Quand il y a belle lune au large et que le temps trop clair annonce un orage prochain, on l'entend qui chante avec sa voix de sirène."*

La ville d'Is est le lieu où se déroule le tome 2 des Druides (Istin-Jigourel-Lamontagne)

Le frère de lait

Un des textes les plus beaux, les plus émouvants du *Barzaz Breiz, Ar Breur Mager,* le "frère de lait", recueilli dans le dialecte trégorrois, donne de l'Autre Monde des références si précises qu'on le croirait extrait directement d'un récit de mythologie celtique. Un beau chevalier, frère de lait de la jeune Gwenolaïk, s'en va au loin, faire la guerre, pour le compte du duc de Bretagne. Lorsqu'il rentre au pays, il surprend la jeune fille dont le cœur bat d'amour pour lui, à la tombée de la nuit, près d'une fontaine d'eau claire. Il est blessé, grièvement, mais lui remet une bague d'or en signe d'engagement, et lui promet de revenir, guéri, après trois semaines et trois jours. Il revient, en effet, au bout de ce laps de temps, et emmène avec lui, sur la croupe de son destrier, la jolie Gwenolaik. Au bout d'un temps qui paraît très long à la jeune fille, ils atteignent une île, où une foule de gens inconnus dansent, où garçons et filles, se tenant par la main, s'ébattent, une île où poussent des pommiers toujours chargés de fruits et où coule une petite fontaine, où les *"âmes qui y boivent reviennent à la vie"*. C'est évidemment, pour La Villemarqué : "le séjour des héros où *"Arthur, blessé mortellement à la bataille de Camlann est conduit par les bardes Merlin et Taliesin."*

Mondes souterrains et entrée de l'Enfer froid...

L'autre grande porte de l'Autre Monde, dans la Tradition celtique est constituée par les "souterrains". Comme celui de Newgrange. Dans le folklore breton, cette voie n'est pas davantage oubliée, selon nos collecteurs du XIXe siècle, que celle des îles. Pour les Bretons de l'époque, le Yeun Ellez, et en particulier la cuvette du Youdig, en plein cœur des Monts d'Arrée, cette zone marécageuse où poussent la drosera et les ajoncs de LeGall, où jadis les paysans exploitaient une tourbe noire et gorgée d'eau, était un sas d'accès à l'Autre Monde. Passage souterrain, sans doute. Mais passage aquatique aussi, en un lieu terraqué à l'infini où l'on ne sait pas vraiment où finit la terre et où commence l'élément liquide. Lieu de passage antique, il a conservé sa fonction, mais une fonction en quelque sorte sélective. Ce ne sont plus toutes les âmes, les âmes sereines et légères, qui y trouvent leur chemin vers un Au-delà de joie et de plénitude. Tout au contraire, dans ces parages lugubres où le ciel est souvent si bas qu'on craint qu'il ne finisse par happer tout le paysage, ce sont les âmes en peine, les âmes en errance, les âmes inquiètes et dangereuses, que l'on doit précipiter, bien souvent d'ailleurs contre leur gré. L'Autre Monde, ici, est tout de même bien éloigné des îles fortunées, de ce lieu de félicité évoqué par la *gwerz* du frère de lait, comme de la ville d'Is où la population ne songe qu'aux danses, aux agapes, aux plaisirs et libations. Ici, les âmes rejoignent une sorte de "purgatoire" des plus noirs, des plus sombres, une sorte d' "enfer celtique" froid et sombre où elles grelottent et regrettent amèrement leur vie passée chez les vivants. Le Braz a pour décrire les lieux, des phrases évocatrices et hautes en couleur : *"Au fond d'une cuvette immense, s'étend un marais ou plutôt une zone marécageuse, désignée sous le nom de Yeun Elez, et qui est quelque chose comme l'Orcus breton (...)Bientôt on s'enfonce dans l'eau jusqu'à mi jambes, et, lorsqu'on arrive au cœur du Yeun, on se trouve devant une plaque verdâtre, d'un abord dangereux, de mine traîtresse, dont les gens du pays prétendent qu'on n'a jamais pu sonder la profondeur. C'est la porte des ténèbres, le vestibule de l'inconnu, le trou béant où l'on précipite les "conjurés" (...)Cette flaque est appelée Le Youdig (la petite bouillie) : parfois son eau se met à bouillir. Malheur à qui s'y pencherait à cet instant ; il serait saisi, entraîné, englouti par des puissances invisibles."*

Les avatars du "petit peuple"

Le peuple apparent de Bretagne, celui des hommes et des femmes, se double d'un autre, multiforme et protéïforme qui est au moins aussi nombreux que le premier. Depuis le début des temps, tout ce petit monde s'efforce de vivre en bonne intelligence, les premiers apprenant à dompter les seconds, à satisfaire leurs volontés et leurs désirs, à en déjouer les espiègleries, les facéties, parfois même les vilains tours, à se préserver de leurs sorts, et finalement à s'habituer à leur présence là, dans un monde invisible qui jouxte si étrangement et si intimement le leur. Les choses ne sont sans doute pas facilitées par un fait étrange, particulier : en Bretagne armoricaine, une sorte de confusion s'est opérée, avec le temps, entre les créatures proprement fantastiques et les fantômes. On l'imagine, ça fait beaucoup de monde, tout un peuple serré au kilomètre carré, lorsque l'on additionne les vivants, qui sont évidemment des morts en sursis, les défunts du clan, et toutes les créatures de l'autre côté du miroir. Gardons les morts pour un autre chapitre, celui des Anaon, déjà un peu évoqués ; et intéressons-nous à celui de ces créatures qui peuplent le clair obscur de la longue nuit bretonne et celtique.

Des fées rebelles

A tout seigneur tout honneur : les fées ! Sur elles on a écrit. Beaucoup. On a dit à peu près tout. Et le contraire de tout. Elle sont devenues, au fil des temps, de petites bonnes femmes, représentées souvent jolies, voire franchement sexy, callypiges et affriolantes, sous le crayon et les pinceaux de dessinateurs inspirés mais assez peu au fait de la Tradition. D'elles nous finissons par ne retenir que la petite Clochette de Peter Pan : un rôle presque de figurantes où les ont ravalées quelque vingt siècles de judéo-christianisme. Ah bon, dira le naïf, les fées c'est donc autre chose ? Eh oui. Autre chose. Bien autre chose. Au début, ce furent à coup sûr de grandes dames. De très grandes dames. Des dames souveraines et puissantes qui jouissaient de la considération de tous et qui auraient assez peu apprécié de se retrouver ainsi comme des libellules tout juste bonnes à amuser les petits et à faire sourire les grands. Princesses païennes ? Druidesses ? Prêtresses de l'ancienne religion ? Magiciennes ? Déesses ? Un peu de tout cela sans doute, dans un savant dosage dont seul le peuple a le secret. Car c'est grâce à lui, le peuple, et grâce à sa capacité de résistance, qu'elles n'ont pas disparu, qu'elles se sont perpétuées, bien que considérablement diminuées, amoindries et dépouillées d'une grande partie de leurs pouvoirs et de leurs compétences, mais qu'elles se sont perpétuées tout de même. En 1818, Collin de Plancy, dans son *Dictionnaire Infernal*, écrivait : *"Nos fées ou fades sont assurément les druidesses de nos pères. Chez les Bretons, de temps immémorial, et dans tout le reste de la Gaule (...) on croyait généralement que les druidesses pénétraient les secrets de la nature, et disparaissaient du monde visible (...) On dit qu'elles habitaient au fond des puits, des torrents, dans des cavernes sombres. Elles avaient le pouvoir de donner aux hommes des formes d'animaux."*

Héritières des druidesses, les fées ? Sans doute, tant leurs pouvoirs sont étendus. Et aussi, très probablement de toutes ces divinités celtiques et préchrétiennes qui hantaient nos forêts, nos bois, nos halliers, nos sources et nos fontaines avant l'instauration de la religion du dieu unique.

C'est aussi l'avis de La Villemarqué, qui fit une copieuse moisson de chants populaires, dans la première moitié du XIXe siècle. Lui-même confond – à juste titre en partie – ces fées et les "prêtresses" évoquées par le fameux Pomponius Mela à propos de l'île de Sein. Son avis est partagé du reste par Le Roux et Guyonvarc'h, plus d'un siècle et demi après la publication du *Barzaz Breiz.* : *"Les principaux agents surnaturels de la poésie populaire de Bretagne sont les fées et les nains."* écrit le vicomte collecteur. *"Le nom le plus commun des fées bretonnes est korrigan, qu'on retrouve, bien qu'altéré par une bouche latine, sous celui de Garrigenae, dans une des éditions de Pomponius Mela, et presque sans altération sous celui de Koridgwen, dans les poèmes des anciens bardes gallois. Chez l'écrivain latin il désigne les neuf prêtresses ou sorcières armoricaines de Sein. Chez les poètes cambriens, la principale des neuf vierges qui gardent le bassin bardique."* Kervarquer ferait-il une confusion entre korrigan, koridgwen et keridwen, la mère de Guyonbac'h-Taliesin, le barde le plus célèbre de la tradition bretonne insulaire ? C'est possible. Mais est-ce à proprement parler une confusion ? En tous cas, selon cette définition, qu'il n'y a lieu ni de rejeter ni de réfuter, Morgane, la demi-sœur du roi Arthur, est bien une fée, tout comme cette Viviane qui éleva le beau Lanclot sous les eaux du lac et qui enferma Merlin, son maître et amant, dans une prison dorée d'amour, d'air et de verre.

Car c'est vrai, les fées ont eu une longue postérité. Elles ont traversé le Moyen Age presque sans altération, sans atteinte à leur statut semi-divin. Partout elles ont marqué l'imaginaire, par leurs pouvoirs nombreux et bien sûr par leur trouble beauté. Les Roches-aux-Fées, comme celle d'Essé, à quelques lieues au sud-est de Rennes, attestent leur présence dans la mémoire populaire.

Au XIXe siècle, elles sont toujours là, bien présentes, dans le clair obscur de la forêt, en lisière des bois, dans les "arbres à fées". Elles se montrent lors de certaines nuits magiques de l'année comme celle du 30 avril au premier mai, l'héritière de la fête de Beltaine.

C'est près des fontaines, surtout celles qui avoisinent un dolmen, où elles passent le plus clair de leur temps à peigner leurs cheveux blonds comme les blés, que l'on a le plus de chances de les rencontrer. Le plus de chances ou… le plus de risques. Car les fées, sans doute bien sûr à cause de leur nature divine, et bien évidemment en raison de leurs pouvoirs- La Villemarqué, à ceux décrits précédemment, ajoute celui de *"se transporter, en un clin d'œil, d'un bout du monde à l'autre"*- sont des êtres ambigus. Ni proprement mauvaises, ni vraiment bonnes. En tous cas, loin, bien loin, à des années-lumière de l'image de la fée Clochette et de toutes ses consœurs de Walt Disney.

La tradition populaire bretonne assure que leur souffle est mortel et que ceux qui, par mégarde, viennent à troubler l'eau de leur fontaine, sont condamnés à périr dans les jours qui suivent.

Comme leurs lointaines ancêtres de la mythologie celtique, les "belles dames" n'aiment rien tant que s'unir aux mortels dont elles ont grand appétit. Il ne saurait être question, pour l' "heureux" élu, de repousser leurs avances et de se dérober à leurs charmes. Les belles se vexent qu'on les dédaigne. Le jeune seigneur Nann qui, parti à la chasse au plus profond de la sylve, rencontra une *korrigan*, en fit la cruelle expérience. Accusé d'avoir troublé la fontaine de la créature, le pauvre Nann fut sommé de réparer son outrage illico presto, en "se mariant", ou plutôt en s'unissant à la femme de l'Autre Monde. *"Ou vous m'épouserez sur l'heure, ou pendant sept années, vous sécherez sur pied, ou vous mourrez dans trois jours".* Lui intime la fille courroucée. Mais Nann est un jeune marié. Et il est fidèle. Il refuse l'injonction de la fille. Il faut croire que les "korriganes" ont conservé une partie importante de leurs pouvoirs anciens, car Nann est immédiatement frappé d'un mal dont il ne se remet pas. Trois jours plus tard, on l'enterre, au grand désespoir de sa mère et de la jeune épouse…

Merlin l'enchanteur et la fée Viviane

La Tradition populaire exagère-t-elle ces aspects troubles, ambigus, voire franchement malveillants, égoïstes, égocentriques et maléfiques des fées ? C'est bien possible. Car celles qui ont pu traverser les siècles, bravant tous les interdits du clergé, les anathèmes et les diabolisations de l'Église catholique, sont des êtres… déchus. Est-ce là la source de leur ressentiment contre les hommes ? Car si leur apparence nocturne est éblouissante, à la lumière crue du jour, tout comme celle des *stregoï* transylvains, leur hideur apparaît dans toute leur insoutenable répugnance. *"On voit alors qu'elles ont les cheveux blancs et le visage ridé,* poursuit La Villemarqué. *Aussi ne se montrent-elles que la nuit et haïssent-elles la lumière."* D'ailleurs, *"Tout en leur personne annonce les intelligences déchues. Les paysans bretons assurent que ce sont de grandes princesses qui, n'ayant pas voulu embrasser le christianisme quand les apôtres vinrent en Armorique, furent frappées de la malédiction de Dieu (...) Partout on les croit animées d'une haine violente contre le clergé et la religion, qui les a confondues avec les esprits des ténèbres."*

Mais fées, en français, *korrigan* en breton, ne sont encore que des termes génériques, pour désigner la grande famille de ces femmes de l'Autre Monde, qui, tout comme celle du "petit peuple", apparaît bien variée et multiforme. D'ailleurs en est-elle vraiment différente ? Pas si sûr car La Villemarqué ajoute aussi que, comme les "nains", les fées aiment à dérober des enfants aux hommes, pour *"régénérer leur race maudite"* et que la taille des fées bretonnes *"est la même que celle des autres fées européennes ; elles n'ont pas plus de deux pieds de haut."*

Difficile d'ailleurs, étant donné leur ambivalence, de définir certaines catégories d'êtres "merveilleux". Fées ? Ou… sorcières. Les Bretons, qu'ils fussent conteurs ou auditeurs, ne se posaient pas tant de questions quant à leur classement. D'ailleurs, loin d'eux ces manies d'elficologues, de démonologues ou de "féelogues" méticuleux.

Les gwrac'h, des fées dangereuses...

En tous cas, certaines de ces femmes de l'Autre Monde paraissent bien dangereuses et toute rencontre avec elle est à proscrire si l'on tient à sa vie ou au moins à la qualité de son sommeil !

La *gwrac'h* par exemple, bien que douée des mêmes pouvoirs que les "fées" génériques évoquées précédemment, n'est pas toujours pourvue des mêmes charmes ni du même étrange pouvoir de séduction. D'ailleurs son nom se traduit en français par "la vieille". Rien de très sensuel à première vue.

"Ce nom de groac'h ou gwrac'h, écrit Souvestre, en note du conte *La Groac'h de l'île du Lok, signifie proprement* vieille *femme. On le donnait aux druidesses qui avaient leurs collèges dans une île voisine des côtes de l'Armorique et appelée pour cela l'île de Groac'h (dont on a fait par corruption Groais ou Groix). Mais ce sens de groac'h fut, peu à peu, détourné de son sens primitif ; au lieu de désigner une vieille femme, il finit par désigner une femme ayant puissance sur les éléments et habitant au milieu des flots, comme les druidesses de l'île ; en un mot, une sorte de fée des eaux, mais de nature malfaisante, comme toutes les fées bretonnes."* Une fée, donc, la *groac'h*. Et non une sorcière. Mais force est d'admettre qu'au vu des définitions de nos auteurs du XIXe s, les seuls qui demeurèrent longtemps au contact de la bouche du peuple, la séparation entre les deux genres est mince. Bien mince. Presque insignifiante.

Le récit que Souvestre recueillit, vers 1836, chez un vieux conteur léonard de Roscoff, précise étrangement ces parentés. Et l'aspect archaïque de la *groac'h*, qui, tout comme les "fées" ses cousines... germaines, semble sortir directement de la mythologie celtique. Elle habite une île, celle du Lok, dans l'archipel des Glénan. Et l'on accède à son palais – et forcément à ses trésors ! – par un lac situé au milieu de cette île. La symbolique de l'Autre Monde est donc double : le lac et la mer. Difficile de faire plus concentré. Le héros de l'histoire, Houarn, qui on s'en doute, entend s'approprier malhonnêtement – mais en Bretagne christianisée il n'y a aucun mal à voler une *groac'h* ! – les richesses de la "vieille". Pour y parvenir, il doit emprunter un bateau en forme de cygne, se laisser porter jusqu'au milieu de l'étang, plonger avec l'oiseau merveilleux sous les eaux, gravir les marches en cristal d'un palais sous-marin qui chantent chacune comme un oiseau des bois, franchir d'immenses jardins et enfin, se présenter à la *groac'h*, qui, comme ses congénères des ruisseaux et des dolmens, lui apparaît sous la forme d'une jeune fille à l'éblouissante beauté. *"Houarn s'arrêta,* écrit encore Souvestre, *tout ébloui de voir une créature si belle. Mais la groac'h se leva en souriant, et s'avança vers lui. Sa démarche était si souple qu'on eût dit un des flots blancs qui courent sur la mer."* Il s'agit évidemment d'une apparence. D'un mirage. De l'un de ces artifices dans lesquels les *groac'h*, comme les autres fées, sont passées maîtresses. Comme Iseult et sa mère, celle que Houarn rencontre dans son palais immergé, a le pouvoir, par des vins herbés de créer une illusion durable chez son visiteur. *"Houarn but d'abord des huit vins, puis il les trouva si bons qu'il en rebut huit fois de chacun, et, à chaque coup, il trouva la groac'h plus belle."* Le sortilège fonctionne. Houarn le Léonard tombe sous le charme. Comme Tristan de Loonois sous l'influence du vin herbé préparé par la haute reine d'Irlande. Évidemment, la *groac'h*, qui comme toutes les fées, ne songe qu'à s'unir charnellement au beau jeune homme envoyé par la Providence, le somme de l'épouser sur le champ. Houarn, séduit, hypnotisé, aveuglé par l'extraordinaire beauté de la fille est sur le point de céder lorsqu'il s'avise de se pencher sur une poêle d'or où, dans la friture, cuisent des petits poissons. A leur discours, le héros apprend qu'il s'agit de malheureux prédécesseurs qui avaient été métamorphosés par la *groac'h* et qui s'apprêtaient à présent à finir dans son estomac. A ce moment précis, la *groac'h* entre dans la pièce et, jetant un filet sur le pauvre Houarn, le métamorphose en… grenouille avant de le jeter dans son vivier, avec ses autres "conquêtes". Il faudra toute l'"opiniâtreté, tout le zèle, toute l'ingéniosité, tout l'amour de Bellah, sa jeune fiancée, pour que le sort soit levé, que Houarn retrouve et la liberté et son apparence humaine – qu'il rafle au passage le trésor convoité – et que la "belle fée des eaux" reprenne son apparence de *"hideuse reine des champignons"*.

Yan Dargent, Les Lavandières de la nuit, 1861, huile sur toile

Lavandières de la nuit

Toute malfaisante qu'elle puisse être, la *groac'h* n'atteint pas, sur le plan de l'effroi et de l'épouvante, une autre catégorie de créatures "merveilleuses", ou plutôt… "fantastiques" au sens étymologique du terme : celle des *kannerezed noz*. Un nom apparemment inoffensif, traduit d'ordinaire par "lavandières de la nuit", qui cache des êtres redoutables ne vivant, comme leur nom l'indique, que dans l'obscurité, comme les varous ou loups garous normands. Mieux vaut éviter de croiser leur chemin. Et de tomber dans leurs filets. Ou plus exactement dans leur linceul. Car ces lavandières là passent le plus clair de leur temps – et de leur nuits – à laver, à battre et puis à tordre des draps qui deviennent les suaires de ceux à qui elles demandent de les aider dans leur besogne, pour peu que les malheureux, saisis par l'émotion, oublient qu'ils doivent toujours, pour sauver leur peau, tourner dans le même sens que les créatures et non à contresens comme cela se pratique avec les lavandières ordinaires. Dans la plupart des cas, les chances de survie sont minces. Presque infimes. S'il arrive que l'on survive à une rencontre avec une fée des fontaines, voire même à un tête à tête avec une *groac'h*, une entrevue avec ces êtres de la nuit se solde le plus souvent par une mort affreuse. Comme Wilherm Postik, dont il fut question précédemment, l'apprit à ses dépens. "A *mesure qu'il s'avançait,* écrit Souvestre, *il entendait plus distinctement les coups de battoirs des lavandières de la nuit sur les pierres de la douez ; et bientôt il les aperçut elles-mêmes, frappant leurs draps mortuaires, en chantant le triste refrain :*

Ken na zui kristen salver
Ret eo gwalc'hiñ hon liçer
Dindan an erc'h hag an aër
(Si chrétien ne vient nous sauver
Jusqu'au jugement faut laver
Au clair de lune, au bruit du vent,
Sous la neige, le linceul blanc.)"

Le pauvre, le misérable Wilherm, qui était resté dans des auberges mal fréquentées à conter fleurette à des filles un peu lestes et à chanter des rimes de meunier, est sans doute un peu éméché. Aux vapeurs du cidre, du chouchen, du flip et des mauvais vins, s'ajoute l'émotion qui l'envahit lorsqu'il s'aperçoit que les *kannerezed noz* ont respectivement les visages de sa sœur, de sa mère et de sa femme, lesquelles ont, dans l'année, rejoint la grande famille des Anaon. Oubliant les précautions à prendre lors d'une rencontre inopinée avec les fatales lavandières, il tourne à contre-sens le drap qu'on lui donne à tordre. Hélas, il signe là son arrêt de mort. Le lendemain, la petite Fantik ar Fur, qui s'en allait cueillir une branche de houx pour la mettre dans son pot de lait fraîchement tiré, aperçut son corps étendu sur un tas de pierres bleues. Le curé, prévenu, plaça le mort sur une charrette à bœufs. Hélas, les cierges bénits qu'on alluma pour le salut de son âme s'éteignirent tous les uns après les autres. Le recteur comprit alors que le malheureux était condamné à la damnation éternelle.

Fort heureusement, une rencontre avec les *kannerezed noz*, aussi malfaisantes, aussi malveillantes, aussi maléfiques soient-elles, n'équivaut pas toujours à une fin terrible et effroyable. Il faut dire que ce vaurien de Wilherm avait un peu cherché et hâté sa fin. S'il avait seulement écouté les conseils d'un maître avisé des choses de la mort – l'Ankou en personne – il aurait probablement continué à s'enivrer dans une troménie perpétuellement recommencée des cafés du haut Léon et n'aurait écopé que d'une terrible gueule de bois…

Fanta Lezoualc'h, du hameau de Saint Trémeur en Plougastel-Daoulas, eut plus de chance. Il faut dire aussi qu'elle avait moins de péchés à se reprocher. Son "crime", sa "faute", plutôt, on peut même dire son "erreur" fut, tout simplement d'enfreindre une loi tacite au sein de la population, un décret qui, pour être respecté, de ce temps là, n'avait pas besoin d'être écrit dans les papiers de la République. Elle avait osé aller, de nuit, travailler, c'est à dire, laver son linge, profitant d'un magnifique clair de lune. Hélas, chacun sait, en Bretagne, que si le jour est le temps des hommes, la nuit appartient aux Anaon et à tout le peuple des créatures merveilleuses et fantasmagoriques. Fanta bravait le destin. Et, pour gagner du temps sur ses corvées et devoirs domestiques, s'exposait à de bien grands dangers.

Elle n'était pas arrivée depuis un quart d'heure au douet, qu'elle fut interrompue dans sa besogne par une femme grande et mince, coiffée d'un énorme faix de linge qui ne semblait pas lui peser davantage qu'un petit mouchoir de Cholet.

"Fanta Lezoualc'h, fit la femme, tu as le jour pour toi. Tu ne devrais pas prendre ma place la nuit."

Ces propos auraient dû inquiéter ou surprendre Fanta. Car la créature qui s'adressait ainsi à elle, était en fait ce qu'à Plougastel on nommait une *Maouez-Noz*, version locale, vous l'avez deviné, de la sinistre *kannerez-noz*. Après cette introduction pour le moins abrupte, la femme en vint à des considérations plus aimables et alla même jusqu'à proposer à Fanta de revenir chez elle pour souper et se reposer enfin, lui dit qu'elle s'occuperait du linge et qu'une fois propre, elle irait le lui apporter elle-même.

"Hélas, femme, qu'as-tu fait ! grogna son mari, *lorsque Fanta, toute réjouie de cette rencontre inattendue, regagna ses pénates. Tu as accepté le secours d'une Maouez-noz ! Il ne te reste plus qu'une solution, si tu ne tiens pas à ce qu'elle t'emporte au plus profond de sa trouble nuit : Suspendre le trépied à sa place, balayer la maison de façon à ce que l'aire en soit nette, suspendre ensuite le balai dans un coin, la tête en bas, te laver les pieds, jeter l'eau sur les marches du seuil et aller te coucher prestement."* Fanta, qui tenait à sa vie et encore davantage à son salut, ne se le fit pas répéter.

A peine eut-elle gagné son lit clos, à moitié morte de peur, la *kannerez-noz* frappait fortement à la porte *"Fanta Lezoualc'h, ouvrez, c'est moi qui vous rapporte votre linge."*

Mais Fanta et son mari, on s'en doute, se gardèrent bien d'accéder à sa demande. Deux fois encore, la lavandière de la nuit répéta sa supplique. Comme la porte restait désespérément close, elle entra dans une terrible colère, produisit un vent terrible, et tenta d'user de magie. *"Puisque chrétien ne m'ouvre,* hurla une voix furieuse, *trépied, viens m'ouvrir !*

- je ne puis, je suis suspendu à mon clou, répondit le trépied.

- Viens alors, toi, balai !

- Je ne puis, on m'a mis la tête en bas !

- Viens alors, toi, eau des pieds !

- hélas, regarde-moi, je ne suis plus que quelques éclaboussures sur les marches du seuil !"

Le grand vent que Fanta et son époux avaient entendu quelques instants auparavant, tomba et la *maouez noz* quitta les lieux, pleine de dépit… Ils l'avaient échappé belle !

Malfaisante, maléfique, malveillante, la *maouez-noz* peut pourtant apparaître comme une sorte de justicière, celle qui permet au "bon ordre de l'univers" de se maintenir. Car si elle poursuit de sa hargne ceux qui s'attardent trop dans les auberges et les bouges mal famés, ou celles qui poursuivent leur labeur à la clarté de la lune et non à la lumière du jour, c'est parce que ceux-ci ou celles-là contreviennent aux conventions des hommes eux-mêmes. Le jour appartient aux hommes, quand la nuit, répétons-le, est le domaine des spectres, des revenants, des esprits. Tout un chacun le sait ou devrait le savoir. Et c'est, tout naturellement, à ses risques et périls, qu'il enfreint la loi tacite ! Dans une certaine mesure, les lavandières de la nuit, ne sont que l'instrument du destin. Elles peuvent aussi punir les mauvais travers des uns et les défauts des autres. Le conte Groeg-er-Loer, la "vieille de lune" (ou "femme de la lune") collecté à Carnac par Zacharie le Rouzic le montre d'ailleurs clairement : une vieille femme, dévorée par l'avarice, avait coutume de travailler à la lumière de la lune, pour ne pas dépenser un sou à acheter des chandelles. Souvent, elle s'occupait ainsi, à tricoter ou à faire sa lessive, dehors, en haut de l'escalier extérieur de sa chaumière. Une nuit qu'elle y faisait bouillir son linge, elle eut la surprise de voir tous les ustensiles de la maison se mettre à tourner. La vieille Arpagon en jupons eut à peine le temps de se réfugier à l'intérieur et de fermer la porte que la Groeg-er-Loer, se postant devant l'huis, se mettait à la morigéner et à menacer de la mettre à cuire, sur le feu, dans une bassine d'eau bouillante. *"Hui a zou hurus ma hues charet hu tour kar mi fauti d'en ou lahein hineh ne faut ket ren ma labouret de nouz"* dit-elle, sur un ton courroucé, en breton vannetais, ce qui signifie : *"Vous êtes heureuse d'avoir fermé votre porte, car je voulais vous tuer ce soir ; je ne veux pas que vous travailliez la nuit".* Paroles finalement assez sages, si l'on en excepte l'assortiment de menaces, auxquelles le mari, de son lit-clos fermé de rideaux, ajouta : *"Men boëlarel mat ha pas labourat de nouz, sel petrà az ari gwenan. En di de labourat, en nouz de zichioh." (" Je t'avais bien dit de ne pas travailler la nuit, regarde ce qui t'arrive. Le jour pour travailler, la nuit pour se reposer.")*

La grande famille des "nains"

Avec la grande famille des "fées", celle des "nains" constitue le plus clair du peuple fantastique de Bretagne, si l'on excepte celui des morts, cet Anaon collectif, qui mérite un chapitre à lui tout seul.

Les nains : cohorte multiple et multiforme qui recouvre bien des réalités, des *korils* qui hantent les landes en pleine nuit, aux *morganed, folliked* et autres *viltansoù*, dont le domaine est principalement maritime. Difficile de les nommer tous, de leur rendre à tous le légitime hommage qui leur reviendrait. Une encyclopédie n'y suffirait pas. D'éminents elficologues, comme Pierre Dubois, y consacrent leur vie sans jamais voir réellement le bout de leur labeur. Car ici, chaque carrefour, chaque chemin creux, chaque souche d'arbre moussue dans la forêt, chaque calvaire, chaque grotte du bord de mer, chaque épave de navire, chaque talus, chaque grenier, est susceptible de cacher un de ces petits bonshommes qui, se faisant bien discrets le jour, se réveillent la nuit, parfois pour être utile aux hommes, parfois, le plus souvent à vrai dire, pour leur jouer un vilain tour et multiplier à leur encontre les farces les plus variées et les plus imaginatives. Contrairement aux *kannerezed noz*, ils ne sont pas proprement malfaisants et il est rare, très rare, qu'une rencontre avec eux provoque le trépas.

Enfin, sur leur compte, les avis varient à peu près autant que sur les fées. Et l'extrême variété même de leurs races permet difficilement d'en dresser un portait synthétique, qu'il soit à charge ou à décharge. Tout ce qu'on peut raisonnablement affirmer, c'est que la grande théorie des "nains" de Bretagne Armoricaine s'éloigne encore substantiellement de ces lutins idylliques de papier auxquels nous ont accoutumés le cinéma hollywoodien et les bandes dessinées contemporaines.

Généralement, on leur attribue la construction des mégalithes qui n'ont pas été édifiés par leurs grandes concurrentes, les fées.

En 1838, à propos des allées couvertes, Alexandre Bouët, écrit : *"Nos paysans désignent ces dolmens sous le nom de ty ar gorriket (la demeure des nains). Ces couriquets, courils, cornicanets, etc, sont de petits génies malfaisants, à la peau ridée et velue, à la tête difforme, aux jambes et aux bras grêles et décharnés, qui, la nuit, tournoyant dans les airs sur leurs ailes noires et dentelées de chauve-souris, y forment mille cercles magiques qui se mêlent, qui se fondent, qui s'effacent l'un dans l'autre au milieu de cris aigus et de rires lugubres comme le vent qui siffle à travers les ruines. Corentin, en reconnaissant la demeure de ces démons, a frémi."* Démons ? Chauve-souris ? La description n'a rien à envier à celle de ces *stregoi* de Transylvanie ! D'autant que l'activité principale de ces couriquets n'est pas faite pour rassurer le chaland. Toujours selon Bouët : *"Il* (Corentin) *s'est rappelé l'histoire de tous ceux qui, pendant la tempête et aux pâles reflets de la lune, ayant marché sur l'herbe qui égare, se sont jetés au sein d'une ronde infernale de couriquets. Là, emprisonnés dans mille anneaux vivants, dans mille replis diaboliques, il leur a fallu, entraînés par une force irrésistible, danser, danser, jusqu'à ce qu'épuisés, ils soient tombés morts."* Fort heureusement, contre tous les envoûtements des créatures fantastiques, en Bretagne, il existe des antidotes, des moyens apotropaïques imparables ou presque. Ainsi, la petite fourche qui sert d'ordinaire aux paysans bretons à nettoyer la charrue est contre les nains un préservatif aussi sûr que la gousse d'ail ou le crucifix contre les vampires de Roumanie.

Sensiblement à la même époque – en 1838 – La Villemarqué dresse des "nains" un portrait assez comparable. En tous cas assez peu flatteur quant à leur aspect physique. Ils sont petits : 80 à 90 cm de haut au maximum. Et surtout, tout leur être dénote une origine chtonienne bien en rapport avec leur biotope habituel : anfractuosité de roches, cavernes et bien sûr, comme l'a déjà expliqué le docte Alexandre Bouët : allées couvertes, nommées en breton *hentoù korriganed*, un autre nom des "nains", *hentoù korriged* ou encore *hentoù boudiked*, l'une des nombreuses appellations pour le "petit peuple". Selon l'auteur du *Barzaz Breiz*, ils sont aussi magiciens et jeteurs de sorts. Leur puissance et leurs pouvoirs sont comparables à ceux des fées, avec qui il semblerait qu'on les confonde parfois, aussi surprenant que cela puisse paraître. *"mais,* précise Kervarker, *leur forme est très différente".* C'est un aimable euphémisme !

"Loin d'être blancs et aériens, ils sont généralement noirs, velus, hideux et trapus. Leurs mains sont armées de griffes de chat et leurs pieds de cornes de bouc."

Ce n'est pas tout, à cet aspect assez peu attirant, manquant pour le moins du sex appeal que l'on attribue d'ordinaire aux fées, ils ajoutent encore : *"une face ridée, des cheveux crêpus, des yeux creux et petits, mais brillants comme des escarboucles."* Tout leur aspect, à vrai dire, trahit des êtres immémoriaux : *"Leur voix est sourde et cassée par l'âge. Ils portent toujours sur eux une large bourse en cuir qu'on dit pleine d'or."* Rien que de plus normal ; comme tous leurs cousins européens, germains, slaves ou italiotes, les "nains" de Bretagne sont les gardiens jaloux de trésors fabuleux cachés dans les entrailles de la terre. D'ailleurs, nous apprend encore la Villemarqué, les Bretons, comme tous les autres peuples celtiques, les supposent faux-monnayeurs et très habiles forgerons. Ils sont encore *"sorciers, devins, prophètes et magiciens."* Tout imprégnés donc, de l'ancienne Tradition pré-chrétienne. *"Le paysan, en général, les redoute moins que les fées : il les brave volontiers et s'en rit s'il fait jour, ou s'il a pris la précaution de s'asperger d'eau bénite. Il leur attribue la même haine qu'aux fées pour la religion* (chrétienne), *mais cette haine prend une tournure plutôt malicieuse et comique que méchante."* D'ailleurs, sont-ils vraiment "méchants", ces "nains" à qui la vox populi attribue un penchant immodéré pour les "tours" (au sens propre), et les farces inénarrables ? "Méchants", ou implacables ? Et implacables parce que justiciers ? N'est-ce pas encore "la religion", comme pour les sorcières, les fées, voire les *kannerezed noz* qui ne punissent que les renégats, les ivrognes, les pingres, bref, tous ceux qui troublent le "bon ordre de l'univers", qui les dépeint si noirs ?

égende Le conte des deux bossus

L'histoire racontée, à quelques nuances près, à la même époque, par Souvestre, qui l'intitule *Les korils de Plaudren*, par La Villemarqué dans la *gwerz* titrée sobrement *Les Nains (ar c'horred)*, et par Alexandre Bouët dans le chapitre de *la Galerie Armoricaine* intitulé *L'autel druidique* le démontre assez : Le héros n'a pas de nom chez Bouët, porte celui de Paskou Hir (le long) chez La Villemarqué et celui de Benead Guilcher dans le récit de Souvestre. Au fond qu'importe : les trois hommes –qui ne font qu'un dans la Tradition populaire– exercent la profession de *kemener* (tailleur). Voilà pourquoi le héros est ici bossu et contrefait, comme le sont tous les représentants de sa peu honorable profession. Un soir où il était resté plus tard que de coutume, travailler dans la ferme d'un de ses clients, il traversait la lande de Mottenn-Derven (le tertre du chêne), où se trouvait un grand village de *korils*, que l'on pouvait encore voir au milieu du XIXe siècle. A peine le pauvre Benead s'y fut-il aventuré, qu'il se rendit compte de son imprudence : *"Sainte Anne, s'écria-t-il, voici les kornikaned et les poulpikans qui viennent rejoindre les korils pour mener le bal toute la nuit."* En moins de temps qu'il ne faut à un Léonard pour mettre la main sur un écu sonnant et trébuchant, Benead se trouva en effet entouré d'un copieux parti de nains, qui l'entraîna dans une ronde effrénée, en chantant : *"Dilun, dimeurzh, dimerc'her..."* ce qui, en français se traduit par : *"lundi, mardi, mercredi."* Benead tourna, tourna, un temps qui lui parut très long, au son de la chanson des nains. Mais au bout d'un moment, il leur demanda de s'arrêter. *"Sauf le respect que je vous dois, mes gentilshommes,* leur dit-il, *votre chanson et votre danse me paraissent peu variées. Vous vous arrêtez trop tôt dans la semaine, et, sans être un rimeur habile, je crois que je puis allonger un peu le refrain.*

– voyons, alors, ce que tu proposes, répondirent les nains sur un ton impatient et fébrile ;

– Eh bien, reprit le bossu : Dilun, dimeurzh, dimerc'her, diryaou, digwener, disadorn !"

A ces mots, les *korils* jubilèrent, sautèrent comme des cabris en poussant des cris de joie et la ronde reprit de plus belle sur un train d'enfer. Lorsqu'elle cessa enfin, le chef des nains s'adressa à Benead en ces termes : "Tailleur, tu as considérablement amélioré notre chanson. Pour te remercier, nous allons exaucer ton vœu. Que désires-tu le plus, beauté ou richesse ?

– Vous savez répondit Benead, je suis un homme modeste et me contente de peu. Je n'ai guère d'exigences. Mais si vous pouviez m'ôter cette bosse qui m'empoisonne la vie depuis que je suis venu au monde, vous feriez de moi l'homme le plus heureux de tout le Bro Gwened et peut-être même des neuf évêchés de Bretagne.

– Eh bien sois tranquille, rétorqua le chef des nains."

Lorsque Benead Guilcher, cette nuit là, se coucha dans sa boîte à sommeil, il put, pour la première fois de sa vie, s'étendre de tout son long : sa bosse, son horrible bosse, ce fardeau immonde qui, depuis qu'il était petit le faisait ressembler de loin à une araignée, s'était bel et bien envolée.

La métamorphose du tailleur, si elle provoqua la joie générale dans le village, attisa la curiosité de Perr Balibouzg, ainsi nommé à cause de son bégaiement chronique. Perr exerçait la même profession que Benead. Mais autant le premier était cordial, affable et généreux, autant le second était triste, envieux, et d'une pingrerie à la limite de la malhonnêteté. Il ne se nourrissait que de pain d'orge dans lequel on voyait la paille. En outre, il prêtait son argent à si fort intérêt, qu'il ruinait un à un tous les pauvres du pays. Benead avait une dette envers lui. Une dette que le bègue avaricieux lui promit de réduire s'il consentait à lui confier son secret.

A peine Benead Guilcher lui eut-il raconté son histoire que Perr Balibouzic prit son pennbaz le mieux ferré et se dirigea, au pas de gymnastique, les yeux brillants et la cupidité décuplée, vers la Motten Dervenn. Il n'eut guère à attendre les petits bonshommes qui, dès la tombée de la nuit, sortirent de leur allée couverte et se mirent à sauter, gambader et hurler à tue tête leur nouvelle chanson, en tournant comme des toupies.

– Attendez, leur cria-t-il sûr de lui, votre chanson est jolie et agréable. Mais elle est loin d'être parfaite !

– Que proposes-tu alors, tailleur ? Fit le chef des nains.

– Eh bien voici : *Dilun, dimeurzh, dimerc'her, diryaou, di gwener, disadorn ha disul ivez.* (Lundi, mardi, mercredi, jeudi, vendredi, samedi et dimanche aussi.) Un cri de bonheur accueillit cette nouvelle proposition. Mais plus les nains répétaient la chanson, plus ils manifestaient de désarroi et de désagrément. A la fin, ils cessèrent leur ronde et l'air mauvais et menaçant, firent cercle autour du pauvre Balibouzic, qui d'un coup avait perdu sa superbe et son arrogance.

– Tu as rallongé notre chanson. Et tout travail mérite salaire. Il est juste que nous te récompensions. Fais-donc un souhait !

– Un sou, un sousou, un sousou… se mit à bredouiller lamentablement le cupide tailleur, avant, en prenant son souffle, de dire tout d'une traite : "Eh bien, je veux ce dont Benead n'a pas voulu !"

– A ta guise firent les nains en éclatant d'un rire cruel, avant de prendre Balibouzic par la main, et de lui faire faire moultes cabrioles dans les airs.

Lorsque le misérable reprit ses esprits, les nains avaient disparu dans la nuit. Il se releva péniblement, et sentit dans son dos un poids terrible, un poids énorme, une chose immonde qui le paralysait, l'empêchait de se tenir droit comme de coutume et le contraignait à marcher comme les crabes de la plage d'Erdeven. Horreur, il avait hérité de la bosse de Benead !!!

Revenu au village, il devint la risée de tous, pas fâchés de se venger de ses vilénies. Depuis lors, on ne l'appela plus Balibouzic – le "bègue"– mais Tortic-Balibouzic, soit le "bossu-bègue"…

Voilà pour le côté "sombre" des nains. Force est de reconnaître au prime abord que pour le peuple, ils n'ont tout de même pas la charge démoniaque, voire "diabolique" que leur attribue Alexandre Bouët, même s'il leur arrive "pour régénérer leur race maudite "(La Villemarqué) de remplacer, dans leurs berceaux, les bébés des hommes par des petits êtres noirauds, des *"petits monstres dont la face est aussi rousse que celle d'un crapaud"*. La parade n'est pas ici très difficile. Il suffit aux infortunées mères de famille de battre comme plâtre le petit enfant nain. Ses cris apitoient et attirent sa mère biologique qui revient alors le récupérer et restituer l'enfant d'homme volé.

Morganed : les jolis nains de la mer

Tous les représentants – et ils sont nombreux en ce pays de marges et de lisières – du "petit peuple", ne sont pas si espiègles, voire si fauteurs de trouble. Au contraire, certains sont rigoureusement, volontairement et avec armes et bagages, passés du côté des hommes, à qui ils vouent une amitié et une affection sans bornes. Ils sont tout à fait inoffensifs et même, au contraire, multiplient à leur égard tous les menus services qui peuvent leur faciliter la tâche.

Les *morganed* d'Ouessant, par exemple, bien qu'appartenant au "petit peuple" par la taille, s'éloignent du tout au tout de la description faite par La Villemarqué et Alexandre Bouët. Loin d'être noirs, ténébreux, pour tout dire chtoniens, ils sont bien faits, souriants, plein de charme et agréables à la vue. Sont-ils les héritiers ou des cousins plus ou moins lointains de cette Morgane, ou de cette Mary-Morgane dont il fut question plus haut ? C'est bien possible. Leur nom même trahit leur origine aquatique. Ils étaient nombreux, bien nombreux, jadis, dans les parages de la lointaine Uxisama. Leur univers se constituait des cavernes et des anfractuosités de rochers noyés par les eaux salées. Ils avaient bien hérité des souhaits, des rêves et des désirs des fées et des nains. Et cette étrange attirance pour les enfants des hommes. Mais c'était au fond pour leur bien. Nulle trace de méchanceté ou de fourberie chez ces êtres pacifiques, apparemment oubliés, là bas, au bord du monde, par les foudres du haut clergé. Au contraire, selon la vieille Marie Tual, conteuse de profession et informatrice de choix pour Luzel qui prit le côtre en 1873 pour se rendre sur l'île, les *morganed* se plaisaient à offrir leurs trésors inouïs aux insulaires, qui vivaient alors dans un dénuement à peu près total.

Certains *morganed*, tout comme leurs femelles, les *morganezed*, étaient, à l'instar des fées, animés par le désir violent de s'unir à de simples mortels. Mais sans les contraindre. Au contraire, en usant de gentillesse, de patience et de générosité. La vieille Marie Tual raconta encore à Luzel l'histoire du *morgan* et de la fille de la terre. Une histoire qui faisait alors rêver dans les chaumières ouessantines.

Légende

Mona et le prince des *morganed*

C'était il y a longtemps. Bien longtemps. Au temps où Saint Pol Aurélien, venu d'Hibernie dans son auge en pierre, accosta sur l'île avant d'en être chassé par les habitants. Il y avait alors à Ouessant une jeune fille belle comme le jour qui répondait au joli nom de Mona Kerbili. Elle était tellement jolie, Mona Kerbili, que les compliments décochés à longueur de journée sur le teint de son visage ou les reflets de ses cheveux, finirent par lui monter à la tête. Un jour qu'elle ramassit, sur les rochers de la pointe du Pern, des berniques et des bigorneaux, avec ses amies, elle leur confia qu'elle ne consentirait à prendre pour époux qu'un prince ou le fils d'un important seigneur. Un vieux *morgan*, caché derrière une touffe de goémon, l'entendit, se jeta sur elle et l'emporta au fond de l'eau dans un palais somptueux fait de coquillages nacrés et de coraux resplendissants. C'est qu'il était roi, lui aussi, roi des *morganed*. Et qu'il avait un fils, fort aimable, le plus beau des *morganed* que l'on pût voir. Hélas, c'était pour la punir de sa vanité que le vieux roi des *morganed* avait entraîné Mona dans les entrailles de la mer. Il la confina aux cuisines et ne tarda pas à contraindre son fils à épouser une fille de sa race. Il faut croire que lui-même n'avait pas hérité de la bonté proverbiale des petits êtres aquatiques, car, pour se débarrasser de la fille de la terre, dont le prince était fatalement tombé amoureux, il imagina de lui faire tenir la chandelle, la nuit de noces, sur le *banc tossel* des jeunes époux. La flamme une fois éteinte, elle devait être mise à mort. Lorsque le cierge fut presque consumé, le prince, qui se doutait d'un mauvais coup, demanda à sa jeune épouse de remplacer Mona, laquelle vint prendre sa place dans le lit clos. La malheureuse s'exécuta de bonne grâce. Pour son malheur ; elle fut décapitée par son beau-père. Le fourbe en conçut une colère terrible. Mais devant l'intensité des sentiments qui désormais unissaient son fils et la belle Mona, il ne put s'opposer plus longtemps à leurs épousailles. La vie des deux tourtereaux ne fut plus alors qu'un long fleuve de joie et de délices. Le prince nourrissait sa femme de petits poissons à la chair délicate et lui faisait des parures de perles fines. Mona en conçut un bonheur intense, qui dura longtemps.

Mais un jour, comme la plupart des mortels qui mettent les pieds dans l'Autre Monde, elle ressentit un besoin fort, irrépressible de revoir sa famille terrestre. Malgré sa peur de la perdre à jamais, le prince, par amour, consentit à ce qu'elle revint, pour quelques instants, dans la maison qui l'avait vue naître.

Mais avant de la quitter, sur la laisse de mer, il lui dit avec tendresse :

– Mona, va voir les tiens, mais reviens avant le coucher du soleil et ne te laisse surtout pas embrasser ni prendre par la main. J'en concevrais une tristesse inconsolable.

Mona jura avant de se mettre à courir en direction de la pauvre chaumière. Elle était si belle, les bijoux dont elle était parée resplendissaient d'un tel éclat que ses parents, tout d'abord, la prirent pour une étrangère. Mais lorsqu'ils la reconnurent enfin, ce fut un tel feu d'artifice de joie et de démonstrations que la belle se laissa embrasser comme du bon pain par sa mère, son père et ses frères. Elle en oublia aussitôt tout de sa vie dans son palais de nacre et jusqu'à son mariage avec le prince. Et elle resta vivre dans la misérable masure au toit de *gleb*.

Mais une nuit où elle ne parvenait pas à trouver le sommeil, elle entendit distinctement, portée par le vent de la mer, une petite voix plaintive aux accents si déchirants, qu'elle se leva sur son séant et tendit vraiment l'oreille. “Mona, vous avez oublié votre mari le *morgan*, qui vous aime tant et se languit de vous… Vous aviez pourtant promis de revenir. Il vous attend depuis si longtemps qu'il craint de mourir d'amour…” Mona ne fit ni une ni deux, sortit prestement de son lit clos, ferma la porte de la masure et se dirigea au pas de course vers la mer et l'endroit d'où venait la petite voix. Depuis plus personne ne la revit à Ouessant. Ni ailleurs…

Lutins et folliked

Si à Ouessant, les *morganed* et les *morganezed*, leurs jolies compagnes féminines, peuplaient les eaux de la mer, à Bréhat, à quelques dizaines de miles nautiques à l'est, c'était une autre race de "nains", qui, jadis, prenait ses aises, et vivait, tranquillement, dans la complicité des hommes. Les *folliked* étaient à la vérité une variété de lutins. C'étaient des petits bonshommes qui semblaient nés pour faire le bien. Des sortes d'anges en miniature et sans ailes. En 1873 encore, le facteur rural Tanguy, qui accompagnait Luzel dans sa collecte sur l'île séparée de la pointe de l'Arcouest par un court bras de mer, en parlait en termes élogieux autant qu'affectueux. *"Ils se tiennent ordinairement dans les greniers des maisons et des étables pendant le jour, et la nuit, quand tout le monde dort, ils en descendent pour prendre soin des bœufs et des vaches, des chevaux surtout, renouveler leur litière, mettre du foin dans les râteliers et réparer les négligences des valets. Un bon lutin, dans une ferme, est un trésor, et les bêtes dont il prend soin sont toujours grasses, fécondes et bien portantes. Quelquefois aussi, le lutin prodigue ses soins à la ménagère ou à quelque jeune servante, et, pendant qu'elle dort, il balaye sa maison, écure ses chaudrons et ses bassines, lave la vaisselle, et renouvelle l'eau dans ses pots et ses baquets."*

Une vraie bénédiction que ces *folliked* ! Hélas, la disparition des chevaux, sur les îles, provoqua leur raréfaction et leur éloignement. A l'époque où Luzel rédigeait ses *notes de voyage*, le poney d'Ouessant, version insulaire du fameux bidet breton, avait disparu de son île d'origine. Et Bréhat ne possédait plus que deux chevaux. Quant aux *folliked*, le vieux Tanguy assurait au collecteur trégorrois qu'ils ne se soucient pas des ânes ! Voilà les *folliked* condamnés à un semi chômage technique, à une inactivité qui pour eux, rime avec purgatoire. L'île ne leur réussissait plus vraiment. Ils commencèrent à s'y ennuyer… Mais surtout, ils furent en butte à de mauvais tours, à de pitoyables plaisanteries que se permettaient certains mauvais sujets, persuadés que la gentillesse naturelle de ces petits bonshommes les mettrait à l'abri de toute forme de représailles.

"Autrefois, les folliked étaient nombreux dans l'île, continuait le vieux Tanguy, *et chaque maison avait le sien. Mais on leur a joué tant de vilains tours, comme par exemple de rougir au feu le galet sur lequel ils venaient s'asseoir au coin du foyer, qu'ils ont presque tous disparu."*

Les époux Kertanhouarn étaient, à ce qu'il paraît, les plus riches de toute l'île. Hélas, ils étaient aussi pingres, aussi désespérément avares, qu'ils étaient fortunés, et passaient le plus clair de leur temps à s'échiner au travail, sans même songer à employer l'un de ces miséreux qui encombraient les chemins en ce temps là. Pourquoi l'auraient-ils fait, du reste, puisque toute une bande de *folliked* multipliait pour leur être agréables les services qu'ils savaient rendre aux hommes. Ils étaient bien mal remerciés du reste, les pauvres petits. Pour ne pas mourir de faim, ils se nourrissaient des miettes de pain, et parfois, mais plus rarement, de crêpes, que les vieux grigous oubliaient sur la table avant de partir aux champs. Mais enfin, ils restaient dans la maison, par fidélité aux parents de Kertanhouarn, qui avaient manifesté à leur égard autant de largesse que les enfants leur témoignaient d'ingratitude. La vie aurait pu s'écouler ainsi, dans la ferme des Kertanhouarn, si les Arpagon à la sauce armoricaine n'avaient voulu réaliser encore davantage de profit sur le dos de leurs serviables petits hôtes. Un jour qu'ils revenaient des champs, harassés et affamés comme à l'accoutumée, ils virent avec colère qu' "on" s'était servi un peu trop copieusement, à leur goût, dans la marmite de pot-au-feu qui mijotait sur les faibles flammes du foyer. Le chat, accusé dans un premier temps, fut mis à la porte sans ménagement et prié de ne plus montrer le bout de son nez jusqu'à nouvel ordre. Las, le jour suivant, le "fricot" avait encore diminué !

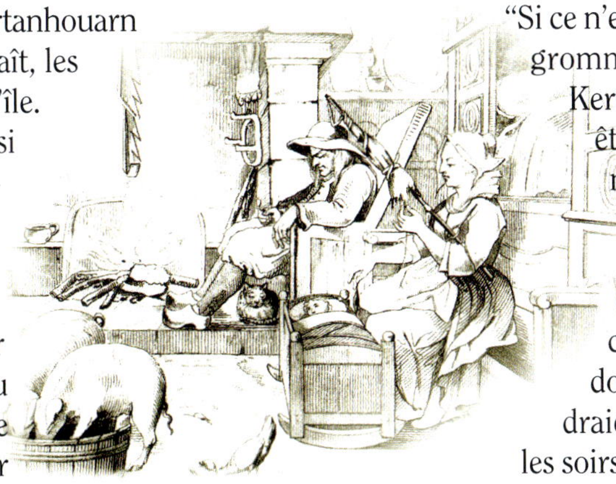

"Si ce n'est pas la faute du chat, grommela le vieux Kertanhouarn, ce ne peut être que celle de ces maudits *folliked* !" La vieille se rangea à son avis et il fut décidé de donner aux petits chapardeurs une leçon dont ils se souviendraient longtemps. Tous les soirs, avant de commencer leur labeur, les lutins avaient l'habitude de s'asseoir, en cercle, sur la pierre du foyer. Le chef, pour sa part, utilisait comme siège un joli galet rond, qui était au coin de l'âtre. D'un commun accord, avec un sourire cynique et mauvais, les vieux avares résolurent de le mettre à chauffer dans les braises de telle sorte que le chef des *folliked* se brûle le postérieur en s'y asseyant.

A la tombée de la nuit, lorsque les petits êtres se réunirent autour de la cheminée, pour deviser comme à leur habitude, leur chef poussa un hurlement si épouvantable que toute la bande s'enfuit, non sans casser toute la vaisselle de la maison au passage.

Depuis lors, les *folliked* désertèrent définitivement l'île de Bréhat, dont toute la population fut contrainte de trimer et de suer sang et eau pour parvenir à survivre sur ces quelques arpents de lande rase.

Quant aux époux Kertanhouarn, par qui le malheur ou une partie du malheur arriva, plus rien ne leur réussit désormais. Le sort à partir de ce jour funeste, s'acharna sur eux. Des bandits de grand chemin dérobèrent leurs économies et leur terre devint gaste. Ils furent chassés de leur ferme et réduits à la mendicité. Le couple le plus riche de l'île transformé en *klakerien bara*, avouez que cela donne à réfléchir !

Chaumières
de l'île de Bréhat

des teuz, petits esprits sylvestres

Difficile de savoir en revanche le caractère exact des *teuz*. Et la qualité de leurs intentions. A leur sujet les bruits les plus confus, les plus contradictoires circulent. Ce qui est certain, c'est la nature ancienne, très ancienne, archaïque même de leur espèce. Car les *teuz* sont les descendants des *duz* – et non pas des druzes comme l'écrivent certains auteurs, fâchés avec l'orthographe ou la culture celtique, laissons ces derniers au Moyen Orient ! – ces divinités celtiques, peut-être même préceltiques…

Selon la tradition, les écrits et les nombreux témoignages, les *duz* sont des petits esprits familiers et domestiques dont le culte s'est développé considérablement après que le culte des grandes divinités celtiques : Esus, Taranis, Teutalès, fut interdit par la nouvelle religion. Considérés parfois comme les âmes des ancêtres, ces petits êtres descendaient quand bon leur semblait de leur palais aérien, sous la forme qui leur plaisait – souvent sous celle d'un oiseau – pour bénir le foyer, le berceau, l'étable, l'écurie, les champs des familles auxquelles ils étaient liés. Comme les fées, on leur attribuait le désir frénétique et irrépressible de s'unir aux hommes, ou plutôt aux femmes, qu'ils parvenaient à séduire au moyen de mille artifices et illusions, parfois jusque dans leur plus profond sommeil. Tout comme leurs cousins et cousines les nains et les fées, ils cherchaient à augmenter l'importance de leur progéniture et à mêler leur sang à celui des humains.

C'est de l'union d'une vierge sage et chaste et de l'un de ces esprits sylvestre que naît Merlin l'enchanteur, qui a hérité de son père nombre de pouvoirs dont celui de connaître intuitivement le passé et l'avenir.

Comme ceux de sa race, le petit bonhomme a usé d'une ruse pour parvenir à ses fins. La *gwerz Merlin au berceau*, du *Barzaz Breiz* s'en fait l'écho :

"Je rêvais que j'étais dans la maison du petit duz, dans le cercle des eaux d'une petite fontaine.

(…) Comme le petit duz n'était pas chez lui, j'étais sans frayeur et joyeuse.

(…) Lorsque je vis venir de loin, à tire d'aile, une tourterelle.

(…) Elle frappa de son bec au mur transparent de la grotte.

(…) Et moi, simple, par pitié pour elle, d'aller lui ouvrir la porte.

(…) Si elle était gaie, elle, moi je ne le suis pas ; maudite soit l'heure où je m'endormis."

On l'a compris, le petit *duz* s'est introduit dans la grotte sous la forme d'un oiseau et a engrossé la jeune vierge, qui à présent, se repent de sa négligence et de sa naïveté.

Comme l'écrit La Villemarqué dans *Myrdhin ou l'enchanteur Merlin, "on sent passer dans ces vers le souffle ardent de deux religions rivales ! Mais celle des duz est la plus forte. La vierge chrétienne succombe. Pouvait-elle résister longtemps à cette voix qui l'entraîne, à l'influence de ce chêne dont l'ombre funeste la couvre ?"* Sans doute que non. D'ailleurs elle n'est chrétienne qu'en surface, par raccroc et récupération du mythe. Elle n'est au fond qu'un avatar de la vierge des Carnutes qui connut l'enfantement elle aussi par l'intercession d'un esprit. Si elle se laisse parfois aller à maudire son étourderie et l'auteur des jours de son enfant, Merlin lui-même, de son berceau, la rassure et la gronde : *"Ma mère, ne pleurez pas, je ne vous causerai aucun chagrin (...) Mais c'est pour moi un grand crève-cœur d'entendre appeler mon père un Esprit noir. Mon père, entre le ciel et la terre, est aussi brillant que la lune (...) Mon père aime les pauvres gens, et, quand il le peut, il les aide."*

Incarné dans la personne de son fils, à la manière dont le Saint Esprit le fut en Jésus-Christ, le petit duz sylvestre trouve son refuge et son salut dans l'imaginaire populaire. Pas plus que les fées, les dragons ou les nains, il n'est véritablement diabolisé par le cortège des humbles, qui, au contraire, continue pendant des siècles, à le considérer comme une créature plutôt bienfaisante et secourable, malgré toutes les tentatives de diabolisation de l'Église catholique, apostolique et romaine. Ce que La Villemarqué résume parfaitement, lorsqu'il écrit : *"Banni depuis longtemps de son temple, le duz a trouvé dans l'imagination populaire, un asile d'où personne ne songe à le chasser."*

Légende Jégu et le teuz de la mare

Les propos du génial vicomte sont corroborés par le conte collecté auprès d'un maréchal-ferrant du pays de Léon et parfaitement mis en scène par Emile Souvestre dans son Foyer Breton. Comme toutes les créatures fantastiques, le teuz –version bretonne moderne du duz celtique– est un être protéiforme. Il apparaît à Jégu, le héros de l'histoire, sous la forme d'une petite grenouille, postée sur une feuille de nénuphar dans une mare. Il assure d'ailleurs à Jégu, éberlué d'entendre une grenouille s'exprimer dans un breton parfait, qu'il peut prendre successivement toutes les figures qu'il souhaite et même se rendre invisible. Sommé par le mevel (valet de ferme) de lui apparaître sous son vrai jour, il se transforme subitement en "petit nain vêtu de vert et portant de belles guêtres cirées, comme un marchand de cuir de Landivisiau."

Jégu, un peu effrayé par un tel prodige, recule de deux pas. Le *teuz* lui dit que loin de lui vouloir du mal, il a décidé de lui rendre service.

– Mais pourquoi donc ? s'enquiert le *mevel*.

– Eh bien reprend le petit teuz parce que depuis que les korrigans du pays Vannetais et de Cornouaille nous ont déclaré la guerre parce qu'ils nous accusent d'être trop proches des hommes, la plupart d'entre nous est venue se réfugier dans l'évêché du Léon, où nous avons pris l'habitude de survivre en prenant l'apparence des animaux les plus divers.

– Fort bien, réplique Jégu. Mais en quoi cela me regarde-t-il ?

– Eh bien voilà ; un jour où tu labourais le Parc des Aulnes, voici quelques mois, tu souviens-tu d'avoir trouvé un pauvre rouge-gorge emprisonné dans un vilain piège ?

– Oui dame, acquiesce Jégu.

– Eh bien, ce rouge-gorge, c'était moi. Tu m'as ce jour là sauvé la vie et comme je ne suis pas un ingrat, je veux à mon tour te rendre service. Et je sais que tu convoites la belle Barbaïk, la fille de ton maître Jalm Riou.

– Si fait. C'est exact, fit Jegu de plus en plus surpris. Mais elle ne veut pas de moi, car elle m'estime bien trop pauvre et d'une condition inférieure à la sienne.

– Qu'à cela ne tienne, Jégu, sourit le petit *duz* qui était monté sur le dos du bidet breton de l'ouvrier agricole. Dans moins de trois mois, elle sera ta femme et tu seras le maître de la ferme de Jalm Riou.

Jégu avait peine à croire ces propos si résolument optimistes. Comment la belle Barbaïk qui le rudoyait à longueur de journée et repoussait dédaigneusement toutes ses avances, pourrait-elle succomber à ses "charmes" en un délai si court ?

Pourtant, à partir de ce jour là, le petit bonhomme, tout comme les *folliked* d'Ouessant, comme les bons lutins des granges et des greniers, se mit à multiplier les menus services qu'un *teuz* peut rendre lorsqu'il met de l'ardeur et de la bonne volonté à son travail. Dans l'étable, que Barbaïk était la seule à entretenir, il renouvela régulièrement la litière, garnit les râteliers. Il prit l'habitude de traire les vaches, de baratter le lait, et même, en bon petit lutin consciencieux, il commença à prendre soin de la maison, à éplucher les légumes, à cuire la soupe, à faire la pâte à crêpes et à étaler avec le *spanell* la belle pâte blonde sur le *pillig*. Bientôt, il exauça tous les souhaits de Barbaïk, qui se trouva dans sa ferme comme une princesse de l'Autre Monde en son palais de cristal. Elle n'eut plus rien d'autre à faire que de se prélasser dans son lit clos, se parer devant son miroir et courir les pardons du pays, car elle dansait comme nulle autre et n'aurait laissé sa place à personne lorsqu'il s'agissait d'enchaîner ronds de Landeda et *dans kef*, une fois passées les vêpres.

Naturellement, Barbaïk ignorait tout de la présence du petit *teuz* qui se faisait aussi discret que possible, ce qui ne lui était pas difficile puisqu'il pouvait se rendre invisible sur un simple clignement d'œil. Et naturellement, elle attribua tous ces services et ces bienfaits à ce brave Jégu qui depuis longtemps lui faisait une cour aussi assidue qu'inutile. Elle ne tarda guère à voir tout le parti qu'elle pourrait tirer d'une telle bonne volonté et à considérer que si le valet faisait un bien piètre fiancé, il ferait un mari parfait et attentionné. Une fois tout bien réfléchi, elle céda et accepta son offre, à la condition expresse que Jalm, son père, se rangeât à son avis. Le consentement du vieux obtenu, la date des noces fut fixée. Et comme Jalm eut l'excellente idée de rendre son âme à Dieu dans l'intervalle, c'est à la tête d'une belle ferme que Jegu et Barbaïk se retrouvèrent une fois exécutée la dernière gavotte des *klaskerien-bara*.

Seulement voilà, à peine le mariage fut-il célébré, le petit *teuz* se détourna de Barbaïk pour réserver son aide et son secours à Jégu seul. La maîtresse, qui, sournoisement, se doutait de son existence et lui reprochait l'écuellée quotidienne qu'il avalait en échange de tous ses services, commença à concevoir contre lui une haine sourde, aveugle et inexpiable. Elle en vint à maudire de toute son âme la créature qui l'avait trompée et lui avait fait épouser ce misérable Jégu aux cheveux ébouriffés, aux yeux louches et à la tête aussi grossière que celle d'une gargouille de la cathédrale de Saint Pol de Léon.

Le printemps, bientôt montra le bout de son nez vert. La fête annuelle des nains se profilait à l'horizon. Et le *teuz* de la mare, tout naturellement, demanda à Jégu l'autorisation de l'organiser sur l'aire de la ferme, avec tous ses amis. Jégu décidément, ne pouvait rien refuser à un compagnon si précieux et demanda par dessus le marché à Barbaïk de leur préparer des crêpes de froment et de *gwinizh du*. Mais voilà, Barbaïk mûrissait sa vengeance. Autour des nappes qu'elle étendit à terre pour les nains, elle prit soin de disposer des pierres en forme de siège qu'elle avait préalablement chauffées à blanc dans la cheminée. Lorsque les petits êtres s'y assirent, ils poussèrent d'épouvantables hurlements de douleur, et disparurent aussi vite qu'ils étaient arrivés. Mais Barbaïk ne devait pas l'emporter au Paradis, ni tirer un glorieux parti de sa mauvaise farce ; à partir de ce jour, les affaires du ménage allèrent de mal en pis. Jégu ne tarda guère à partir d'une maladie de langueur et son arrogante femme, ruinée, finit ses jours comme porteuse sur le marché de Morlaix...

Bestiaire fantastique

Le dragon des Bretons

Le dragon ! Avec ses écailles verdâtres, ses yeux incandescents comme des charbons ardents, sa gueule grande ouverte, ses ailes membraneuses et sa crête hirsute et vénéneuse, il n'a pas fini de susciter l'imagination ! Il n'est d'ailleurs pas près de disparaître de notre imaginaire. Au contraire, il retrouve une jeunesse providentielle à travers les jeux vidéos et les jeux de rôle, l'univers de la bande dessinée, du dessin animé et du cinéma. C'est que l'on ne se débarrasse pas ainsi d'un être vieux comme le monde, comme le chaos dont il est issu. On serait presque tenté d'écrire : "bien au contraire". C'est sans doute parce que le dragon correspond à une nécessité.

D'ailleurs dans le monde celtique ancien, il n'est pas une figure négative. Il s'apparente davantage à son cousin asiatique qu'à la créature hideuse qu'il est devenu lorsque le christianisme eut triomphé de l'ancienne religion. "Puissance céleste, créatrice, ordonnatrice, le dragon est tout naturellement le symbole de l'empereur. Écrivent Chevalier et Gheerbrant dans le Dictionnaire des symboles. Il est remarquable que ce symbole s'applique, non seulement en Chine, mais chez les Celtes." C'est vrai ; aussi loin qu'on remonte dans le temps, le dragon est associé dans le monde celtique à la fonction guerrière et royale. Sa figure apparaît fréquemment sur les fourreaux d'épées et les boucles de ceintures de l'époque Laténienne ou second âge du fer (cf. Venceslas Kruta, Le Dictionnaire des Celtes). Et selon Divy Kervella, les Bretons l'empruntèrent aux auxiliaires sarmates de l'armée romaine. Durant le haut moyen âge, il figure encore probablement sur la plupart des vexilloïdes des Bretons tant des îles que du continent. C'est lui qui donne son nom au père même du roi Arthur, Uther… Pendragon, soit littéralement "à la tête de dragon", "à la tête des dragons", ou "chef des dragons". C'est dire qu'il apparaît encore bien davantage comme une figure bénéfique voire totémique, que maléfique. Arthur, en tous cas, comme son père, combat sous sa protection. "Uther Pendragon ne porte pas par hasard le nom du dragon", écrit de son côté Philippe Walter dans Merlin et le savoir du monde.

"Il est la forme évhémérisme du dragon celtique, proche d'un esprit divin, avatar d'une divinité de l'Autre Monde." Mieux. Ou pire, selon le côté où l'on se place : *"le dragon est l'esprit tutélaire de la dynastie, réapparaissant sur les emblèmes héraldiques ou sur les armes des guerriers."*

Son apparition, dans le ciel, lors de la bataille de Salesbières, est interprétée par Merlin l'enchanteur comme un heureux présage. *"Vous verrez la bannière qui doit vous assurer la victoire,* écrit Robert de Boron, dans son Merlin. *Montrez la à tous vos hommes, car la journée sera belle et claire. Vous verrez un dragon vermeil voler dans les airs entre ciel et terre Lorsque vous aurez vu ce signe, symbole de votre nom, vous pourrez sans crainte engager le combat, car vos hommes auront la victoire."* Le dragon rouge, en effet, au haut Moyen Age, est le symbole protecteur des Bretons. Ayant fait creuser les fondations de la tour que le roi Vortigern veut se faire édifier près du mont Snowdon, Merlin y découvre deux dragons, l'un blanc, livide, l'autre du rouge du sang, du feu et de la passion. Il explique au tyran que le dragon blanc représente *"cette peuplade qui a dominé les peuples et de très nombreuses régions de Bretagne"*. Le rouge est celui des Bretons eux-mêmes. Un jour, il triomphera du dragon blanc étranger…

Mais bien vite, sous l'influence de l'Église chrétienne, le gardien des trésors, est combattu. Ces figures étranges dites "cavaliers à l'anguipède", qui représentent une divinité solaire armée d'une lance de lumière et terrassant des êtres ophiomorphes, cèdent la place à des cohortes de saints, les Tudual, Samson, Pol Aurélien, Efflamm, qui passent le plus clair de leur temps à chasser les dragons qui infestent alors l'Armorique, leur terre de mission et d'élection. Comme celui qui hante la lieue de grève entre Saint-Michel-en-Grève et Saint-Efflam, au fond de la baie de Lannion, les dragons livrent un dernier baroud d'honneur. Mais la magie des

Dessin d'Erwan Seur Le Bihan

Un personnage, assimilé par La Villemarqué et Walter au roi Arthur, porte un vexilloïde en forme de dragon. Porche sud de l'église Saint Jacques, Perros-Guirec.

serviteurs du Christ est plus puissante que la leur. Ils n'ont plus qu'à déclarer forfait et à se soumettre ou à disparaître. Ils se soumettent. Et contrairement à ce qu'écrivent des hagiographes manquant de précision, ils ne sont pas vraiment exterminés, mais, comme des petits chiens tenus en laisse, conduits au moyen de l'étole du sauroctone jusqu'au "gouffre" marin le plus proche et de là précipités dans les flots bouillonnants.

Le dragon est au moins ambigu. Si le christianisme s'acharne à proclamer – à tort – son éradication, et dès le XIIe siècle, le pare de sa panoplie de parfait repoussoir en le dotant notamment d'ailes de chauves-souris, si Tristan lui-même, héros solaire – peut-être lunaire – l'occit sur la terre d'Irlande et lui coupe la langue, le peuple continue à lui vouer un trouble culte. *"D'une part sa puissance peut répandre la mort, la sécheresse, la maladie, la peste,* écrit Walter. *D'autre part elle peut favoriser la fécondité, par l'envoi des eaux célestes sur la terre."* D'où ces étranges processions à l'occasion des cérémonies de rogations, qui virent, jusqu'à la veille de la Révolution, les populations villageoises, défiler derrière d'énormes dragons d'osier recouvert de toile, baptisés *dragues*, et qui évoquaient bien davantage le dragon cosmique des Asiates que la créature maudite de l'imagerie judéo-

chrétienne. Quoi qu'il en soit, et bien que malmené depuis un peu plus de quinze siècles, *l'aerouant* des Bretons, a pris au cours des dernières décennies une étonnante revanche. Le drapeau des Gallois, ces Bretons restés insulaires, qui arbore un magnifique dragon rouge, fut reconnu officiellement en 1959 par la reine d'Angleterre sur la demande du Gorsedd des Druides et Bardes de l'île de Bretagne. Et celui du Trégor, où le même prend ses aises sur fond des armes de Sant Erwan, flotte de plus en plus fréquemment jusque sur les mairies et les bâtiments officiels. Quant au dragon de Sant Efflam, pas plus que la ville d'Is ou qu'Ahès –Dahud, le peuple ne s'est résolu à décréter ou à accepter sa mort. Au XIXe siècle encore, les paysans du fond de la baie de Lannion, affirmaient à Luzel qu'à *"certaines époques de l'année, dans les hautes marées et les jours de tempête, on le voit sur une roche rouge, quelque part près des ruines de l'ancienne chapelle de Land-Carré, faisant reluire au soleil ses écailles jaunissantes, battant l'eau de ses ailes, et de sa queue."*

La lieue de grève, à Sant Efflam, là où le saint eponyme a terrassé le dragon qui terrorisait la contrée.

Cheval psychopompe

Guerrier celte à cheval - Argent martelé et doré
Détail du chaudron de Gundestrup
(Musée National de Copenhague, Danemark)

Il est avec le chien, l'un des plus vieux compagnons à quatre pattes des hommes en général et des Celtes en particulier. Utilisé pour la charrerie, il fit, allié à ses auriges, de terribles ravages dans les rangs des petits hommes caparaçonnés de cuir et de métal, quelques siècles avant J-C, lorsque Sénones, Insubres, Cénomans et autres Boïens faisaient trembler les murs d'une ville qui eut l'audace de se croire éternelle. Les petits chevaux celtiques, à peine plus hauts que des poneys, tiraient vaillamment les chars de combat des Bretons, dans le Cantium, l'actuel Kent, lorsque César y débarqua avec ses légions, en 54 avant J-C. Et ceux de Calgatos, le grand chef picte qui assura à force de volonté et de courage, l'indépendance de ce qui n'était pas encore l'Écosse, leur faisait confiance, attelés à ces chars de guerre de fer et d'osier, lors de la terrible bataille du mont Graupius. La *trimarkisia* était l'unité de base la plus redoutablement efficace de la cavalerie celtique. Et c'est encore grâce à ces petits chevaux légers, agiles, graciles, rapides et extrêmement résistants, que Nominoé, le premier roi de Bretagne continentale, fit mordre la poussière – ou plutôt la boue – aux guerriers francs et saxons de l'empereur Charles de Chauve, à Ballon, en 845. Le cheval était, de loin, l'un des motifs privilégiés de la numismatique celtique. Stylisé, tirant un char surmonté d'un courageux cocher, il apparaît fréquemment sur de nombreuses pièces de monnaie des Osismes et des Coriosolites. Pour Sabine Heinz, de l'université de Berlin, il symbolise le soleil. Tout comme le char qu'il tire. Mais il est également *"lié au culte de l'eau, qui réunit la vie et la mort (évolution / guérison / rajeunissement)."*

Chevalier et Gheerbrant complètent la réflexion de Heinz dans leur Dictionnaire des symboles : *"une croyance qui paraît ancrée dans la mémoire des peuples, associe originellement le cheval aux ténèbres du monde chtonien, qu'il surgisse, galopant comme le sang dans les veines, des entrailles de la terre ou des abysses de la mer. Fils de la nuit et du mystère, ce cheval archétypal est porteur à la fois de mort et de vie, lié au feu, destructeur et triomphateur, et à l'eau, nourricière et asphyxiante."* Double donc. Et paradoxal. Portant en lui la vie et son contraire. Comme le yin et le yang. Solaire, le cheval celtique peut aussi être ténébreux et angoissant, comme sur ce tableau de Füssli où à côté d'un homme endormi, il incarne le cauchemar et la terreur de la nuit.

Si la déesse celtique Epona, qui porte dans son nom celui du cheval – *epos* à rapprocher du grec hypos et du latin equus – est à n'en pas douter solaire et lumineuse, que penser du roi Marc'h, dont le nom se traduit aussi par cheval en breton cette fois. L'oncle de Tristan, dans les contes bretons, est affublé de ridicules oreilles de cheval, reste de ses origines divines, dont il a grande honte et qu'il passe le plus clair de son temps à dissimuler. Et que dire de ces hiérogamies décrites en plein XIIe siècle par Giraldus Cambrensis, qui voyaient encore les rois du nord de l'Irlande s'unir charnellement à des juments blanches avant de se baigner dans un chaudron où bouillonnaient les quartiers de leur "épouse" fraîchement découpée ?

Le folklore moderne des pays celtiques a bien entendu conservé la mémoire de ce cheval fantastique et magique, avec sa signification psychopompe, c'est à dire conductrice des âmes. Mais est-ce un effet de la christianisation qui s'est abattue sur nos régions les plus occidentales de la vieille Europe ? Le cheval semble, au fil des temps, s'être dépouillé de sa charge solaire pour ne plus garder que son symbolisme sombre, lié surtout à la mort et à l'Autre Monde.

Le Braz, dans l'introduction à la *Légende de la Mort*, écrit, à propos du folklore irlandais que : *"Comme les fées, on les (les défunts) rencontre par les chemins, à cheval sur de fantastiques montures qui galopent à toute vitesse."* Pas de trace, dans le folklore breton, de ce "cheval Mallet", proprement diabolique et maléfique qui fit jusqu'il n'y a guère, la terreur du paysan poitevin. Mais nombreux sont les exemples de chevaux qui conduisent les morts dans l'Au-Delà. Comme dans la *gwerz* du Frère de lait du *Barzaz Breiz*. Le jeune fiancé, mort à la guerre, de la petite Gwenolaïk, vient en effet chercher sa promise, sur un cheval blanc, pour l'emmener jusqu'à une île aux arbres toujours verts et chargés de pommes et où les âmes reviennent à la vie en buveau l'eau d'une fontaine magique. Il est évident que c'est sur l'île d'Avalon, le paradis des Celtes, que le jeune homme a entraîné la jeune fille. Mais de toute évidence, c'est un séjour joyeux et heureux. D'où la couleur du cheval ? Le conte, ici, est porteur d'archaïsmes et proche encore, du domaine mythologique.

Bien différent apparaît le drôle d'équipage que constitue l'Ankou, le messager moderne de la mort dans les campagnes bretonnes, avec sa *karrigel* – sa "brouette" – et son ou ses deux chevaux. Le grand escogriffe est en effet le maître d'un attelage constitué selon les cas d'un cheval ou de deux. Mais autant celui du frère de lait est blanc comme neige, autant celui du "faucheur" est noir comme un cul de marmite. Après avoir comparé l'Ankou (oberour ar maro = l'ouvrier de la mort), au dieu celtique Dispater dont il serait l'avatar plus ou moins christianisé, plus ou moins folklorisé, Le Braz écrit que : *"Comme les rois de Mag Mell,* (paradis des Celtes irlandais), *l'Ankou voyage sur un char (...) qui, pour grinçants que soient ses essieux, n'en répand pas moins la terreur et la dévastation sur son passage."* Plus loin, l'auteur de *La Légende de la mort* précise que le char de son héros est *"traîné d'ordinaire par deux chevaux attelés en flèche. Celui de devant est maigre, efflanqué, se tient à peine sur ses jambes. Celui du limon est gras, à poil luisant, est franc du collier."* La plupart du temps, les contes populaires bretons du XIXe siècle attestent que le cheval ou les chevaux de l'Ankou sont noirs anthracyte. Pourtant, Françoise Omnès, de Bégard, l'une des informatrices favorites de le Braz, dans le *Char de la mort*, assure que la charrette du faucheur était *"traînée par trois chevaux blancs attelés en flèche."* S'agit-il du blanc lumineux et solaire et sacré de la mythologie celtique ? Ou du vieux blanc primitif de la mort et du deuil, le blanc *"livide du linceul, des spectre et de toutes les apparitions"* (Chevalier et Gheerbrant) ?

le chien conducteur des âmes

Psychopompe le cheval ? Sans doute. Mais il n'est pas le seul. S'il tire le char ou la charrette des morts vers le paradis des Celtes, ou plus tard, vers leur purgatoire, il n'est pas l'unique animal à être associé si intimement à la mort. Le chien est dans ce labeur, un compagnon fidèle et rarement pris à défaut. Sacré, magique et totémique, lui aussi, dans la mythologie celtique – Cuchulain, le héros irlandais de l'Ulster n'est-il pas surnommé le "chien de Culain" et le patronyme breton Tanguy ne se traduit-il pas par "chien de feu", autrement dit "guerrier ardent" ? – il est resté bien présent dans le folklore breton. N'est-il d'ailleurs pas dans le rôle qui lui est assigné dans tout l'imaginaire européen, et même au-delà ? *"Il n'est pas une mythologie qui n'ait associé le chien (...) à la mort, aux enfers, au monde du dessous, aux empires invisibles que régissent les divinités chtoniennes"*, écrivent Chevalier et Gheerbrant, avant d'ajouter : *"La première fonction mythique du chien, universellement attestée, est celle de psychompe, guide de l'homme dans la nuit de la mort, après avoir été son compagnon dans le jour de la vie."*

Cuchulain

Mais si *"toute idée péjorative est absente"* de la mythologie celtique en ce qui concerne ce fidèle compagnon des hommes, force est de reconnaître que le folklore breton, une fois de plus, a pris ses distances avec l'antique Tradition. Car les chiens, noirs de préférence, et laids, très laids, y apparaissent comme les incarnations des âmes maudites, de ces âmes pour le moins inquiètes auxquelles Le Braz faisait allusion à propos de l'île de Tévennec. A la différence que celles dont il est question ici, ne sont pas destinées à aller en relégation sur cet îlot désert battu par les vents, mais à être jetées dans la cuvette du Youdig, la "petite bouillie", ce trou noir et sans fond niché au creux du Yeun Ellez, où les Bretons armoricains situaient encore au XIXe siècle, l'entrée de l'enfer froid, celui qui les terrorisait le plus.

La mort de Cuchulain

Légende Tadic Coz et les "conjurés"

En 1886, Baptiste Geffroy, de Penvénan, raconta l'étrange histoire de Tadic Coz, recteur de Bégard. Il n'avait pas d'égal dans les exorcismes ni dans la récitation de l'*oferenn drantel*, qui venait à bout des démons les plus récalcitrants.

Un jour que le jeune Jobic An Drez s'en revenait vers la ferme de ses parents après avoir accompli ses obligations militaires, il rencontra près du Menez Bré le vieux Tadic Coz, qui tenait en laisse un horrible, un épouvantable, un affreux barbet noir. Noir comme le charbon, comme un puits sans fond, comme le cheval de l'Ankou ou l'entrée de l'enfer. Le prêtre, apparemment épuisé de tirer sur la laisse de la bête qui se débattait en poussant des grognements haineux, demanda à Jobic s'il accepterait de prendre le chien en charge et d'aller le remettre, de sa part, au recteur de Louargat, qui saurait ce qu'il devrait en faire. Le garçon, qui était d'un naturel serviable et qui, pour rien au monde, n'aurait voulu déplaire au vieux curé de sa paroisse, accepta de lui rendre ce service, bien qu'il eut grande hâte de revoir et d'embrasser les siens. En voyant les yeux rouges incandescents comme des charbons ardents rouler sous le poil noir et dru de l'animal, il se doutait bien un peu que ce chien là n'était pas ordinaire. Mais il avait promis. Et un Breton ne revient pas sur sa promesse. Seulement voilà ; lorsqu'il arriva au presbytère de Louargat, an Aotrou Person écarquilla les yeux, prit une mine contrite et assombrie et, levant les bras au ciel, lui dit tout de go : "Mon pauvre Jobic, je n'ai pas demandé de chien à Tadic-Coz. Et puis surtout, je ne puis rien faire d'un chien comme celui-ci. Crois-moi, le mieux que tu aies à faire est d'aller le conduire, au plus vite, chez mon confrère, le curé de Plounevez-Moëdec". Hélas, à peine eut-il frappé à la porte du presbytère de la paroisse voisine, Jobic entendit la même réponse. Le curé de Plounevez l'envoya à celui de Plouaret qui le manda à celui de Plounérin, qui l'expédia à celui de Plouigneau, qui lui conseilla de s'adresser à celui de Pleyber-Christ, qui lui-même… fit en sorte de s'en débarrasser promptement. Le pauvre garçon commençait à se désespérer de mener à bien sa mission, d'être déchargé de ce rude fardeau et de pouvoir un jour goûter à la quiétude de la demeure familiale, lorsqu'un soir, exténué, il parvint au presbytère de Commana dans les Monts d'Arrée. Pour une fois, l'hôte des lieux lui fit une réponse différente, après avoir, lui aussi examiné le chien sous toutes ses coutures.

"Jobic, lui-dit l'homme de Dieu, écoute moi bien ! Cet animal n'est pas un chien anodin, un chien comme un autre ! Regarde ses yeux ! Ses yeux de diable ! A coup sûr il s'agit d'un revenant malfaisant que Tadic Coz aura conjuré ! Pour un animal comme celui-là, il n'y a guère qu'une solution : le précipiter dans la cuvette du Youdic ! Nous partirons, ensemble, dès le coucher du soleil, pour le fond du Yeun Ellez. Mais attention, le chien ne l'entendra pas de cette oreille ! Il refusera de te suivre. Tu devras le tirer de force. En aucun cas tu ne pourras le lâcher, il en va de ta vie. Et surtout, tu ne pourras non plus te retourner !"

Monts d'Arrée

L'étrange équipage se mit en marche dès que le soleil disparut derrière la longue croupe du Menez Mikael. Le chien, à mesure que se rapprochait la cuvette du Youdic, se débattait, grognait, tirait sur sa chaine. Puis il se mit alternativement à haleter et à hurler à la mort. Mais Jobic an drez ne lâchait pas prise. Arrivés au bord du petit trou noir, le recteur passa à la vitesse de l'éclair son étole sacrée au cou de la bête, et tel Sant Efflam avec son dragon, le précipita dans le trou sans fond. L'animal poussa un cri effroyable et au moment où il s'abîmait dans la gueule de l'Enfer froid, les deux hommes entendirent un vacarme épouvantable, des sifflements terribles et des détonations assourdissantes. Mais bientôt, le silence de la nuit régna de nouveau sur les Monts d'Arrée. Jobic s'accorda une nuit de repos bien mérité, avant de revenir vers son Trégor natal. Arrivé au pied du Menez Bré, son chemin croisa celui de Tadic Cozh à qui il allait faire de véhéments reproches lorsque le vieil homme, lui intimant l'ordre de se taire, lui expliqua que le chien n'était que la matérialisation de l'âme de son Tad-Kozh, son propre grand-père qui, depuis sa mort, survenue quelques mois plus tôt, ne cessait de faire des siennes, à Coulfô et dans toute la région…

Les âmes des "conjurés" ne se limitent pas à prendre l'apparence des chiens. Elles sont facétieuses et, elles aussi, extrêmement protéïformes.

Légende

Autre histoire de "conjurés"

Un vieux tailleur léonard, assura, lors de son Tro Breizh de collectage, à François-Marie Luzel, que Jeannette Ar Floch, qui allait vendre du lait "baptisé", c'est-à-dire coupé d'eau, au marché de Roscoff, amassa une belle quantité de liards acquis malhonnêtement, qu'elle s'empressait de cacher sous son lit. Lorsque l'heure de sa mort arriva, son mari, qui ignorait tout de ses turpitudes, la fit mettre en terre chrétiennement et commanda des messes pour le salut de son âme. Hélas, la vieille était à peine au cimetière, et son mari tout juste rentré dans leur chaumière commune qu'un chat noir, un horrible et énorme chat noir roulant des yeux comme des tisons et miaulant comme un démon, alla se poster sur le lit de Jeannette. Le bonhomme essaya bien de l'en chasser : rien d'y fit, le chat grogna, siffla, miaula, montra tour à tour des griffes acérées comme des couteaux et des dents pointues comme les canines de Vlad Dracul et refusa de quitter son poste.

Convoqué d'urgence, le recteur Bohic, de Saint-Pol de Léon, ne fut pas long à diagnostiquer le mal : c'était forcément une âme damnée qui insistait pour se fixer dans cette demeure. Il fit allumer un feu d'enfer dans la cheminée, ouvrit un grimoire énorme et très vieux, et se mit à dire une messe d'exorcisme. Le chat miaula d'horrible manière et se débattit comme une légion de démons. Rien n'y fit : au bout d'un moment, le curé Bohic le prit par la peau du cou et avant que la bête n'eut le temps de dire ouf, le jeta dans les flammes du foyer.

Le bon prêtre, tout en sueur après cet exercice aussi délicat que périlleux, conseilla à l'époux de brûler la paillasse où Jeannette avait rendu l'âme. Il ne tarda guère à y trouver le sac de liards que la vieille avait amassé, et il expliqua au pauvre homme interloqué que c'est sa propre femme, sans aucun doute, qui venait veiller là sur le "trésor" accumulé de son vivant.

Le même conteur confia encore à Luzel que c'est sous la forme d'une oie, cette fois, qu'un notaire de Pleyber-Christ avait l'habitude de revenir, nuitamment, dans la demeure où il avait vécu et où, comme Jeannette Floc'h, il avait amassé et dissimulé une somme d'argent considérable. Le curé Bohic, appelé une fois de plus à l'aide par la population environnante, l'en débarrassa par les mêmes moyens et alla précipiter l'animal dans le marais du Yeun Ellez.

Parfois encore, c'est sous la forme d'une souris blanche que l'âme se manifeste. C'est en tous cas ainsi que Ludo Garel vit celle de son maître du Qinquiz s'échapper de ses lèvres avec son dernier souffle, effectuer une triple circumambulation dextrogyre dans l'église de sa paroisse trégorroise avant d'aller faire ses adieux à ses terres, ses bois, ses marais, et finalement, d'aller prendre dans le tronc d'un vieil arbre creux, la place qui lui fut assignée par le Tout Puissant, pour faire pénitence.

Est-ce un souvenir du temps où ils étaient païens, et druidisants ? Les Bretons, jusqu'au XIXe siècle, étaient encore persuadés qu'après leur mort, hommes et femmes pouvaient poursuivre leur vie dans l'Au-delà, sous forme d'arbres.

C'est ainsi. Pour nos ancêtres, le monde était enchanté. Les frontières entre l'ici-bas et l'au-delà bien vite abolies et assez peu étanches pour tout dire. Et l'anthropocentrisme furieux qui règne dans notre monde contemporain n'avait pas pris encore toutes ses aises. Les bêtes, en ce temps là, on savait bien qu'elles sentaient les choses, qu'elles savaient, qu'elles étaient douées d'intelligence et d'intuition- d'ailleurs ne recevaient-elles pas le don de la parole, lors de la longue nuit de Noël qui avait succédé à celle du solstice d'hiver ? – et qu'elles partageaient toutes ou presque toutes les souffrances des hommes.

Divines abeilles

Tenez, les abeilles, par exemple, ces animaux solaires et stellaires qui produisent le miel nécessaire à l'élaboration du chouchenn, la boisson des dieux, eh bien, elles partageaient à ce point les joies et les soucis des hommes qu'il ne s'agissait surtout pas de les oublier dans les grandes occasions. Cette croyance- mieux, cette certitude- est attestée dans le Vannetais par Zacharie Le Rouzic, qui écrit à son propos : *"Les abeilles participent toujours au bonheur ou au malheur de leur propriétaire. Lorsque la famille est en fête, pour un mariage ou pour une naissance, les ruches sont ornés de fragments d'étoffe rouge."* Et pour la Cornouaille, par Alexandre Bouët : *"Plus d'une idée bizarre a cours parmi eux* (les paysans) *sur les abeilles, comme à peu près sur tout ce qui les environne (...) Lorsqu'on prend le deuil du chef de famille, il faut mettre dans les ruches un morceau de drap noir, ou toutes les abeilles périssent."*

Histoires de diables

Certains peuples, la plupart d'ailleurs, ont Dieu et le Diable. Les Bretons, en plus, ont toute la cohorte, l'innombrable cohorte des saints, de ces saints de bois moussu et polychrome dont la plupart, avatars des petits dieux païens, sont parfaitement inconnus au Vatican. Mais surtout, surtout, il ont deux diables ! Deux diables ? Oui, deux diables ! L'un autochtone et l'autre allogène. L'un, traditionnel, et lui aussi, probablement héritier de ces créatures mythologiques, comme les géants, dont l'intelligence est en général inversement proportionnelle à la taille et au développement musculaire. Et un autre, sombre, hideux, horrible, perfide, haineux, et pour tout dire repoussant et monstrueux, inspiré de ceux de la Bible, en particulier de l'Ancien Testament, et imposé, au XVIe siècle, par la Réforme Catholique, lorsqu'il s'est agi d'éradiquer les danses, les chants et les traditions populaires et de faire des fêtes gaies, qu'étaient les pardons, des cérémonies d'expiation.

Ce diable là, le second, l'officiel, celui du Vatican, de l'évêché et de l'archevêché, n'a rien de très original, c'est le monstre tentateur, le Malin, aidé et suppléé dans sa sale besogne par des armées de petits démons tous plus perfides et horrifiques les uns que les autres. C'est celui que le père Maunoir, passé maître avant l'heure, dans l'art de la propagande, montrait sur ses fameux taolennoù à des parterres de paysans médusés et terrorisés.

Mais celui-là n'est pas, loin s'en faut, celui de l'imaginaire traditionnel des Bretons, qui lui préfèrent – et de loin – l'autre, le leur, ce *diaoul* humain et compréhensif, un peu rustaud, un peu pataud, très naïf et presque enfantin, qui tente bien de rouler les hommes dans la farine, mais qui, comme le pauvre Isengrin des fabliaux médiévaux, est toujours le dindon de la farce. Ce que résume parfaitement Dominique Besançon, lorsqu'elle écrit : *"le Satan implacable des prédicateurs s'est imposé, certes, mais timidement, par rapport aux innombrables histoires de diable vaincu. Ce qui signifie que le vieux Polic populaire n'a pas déserté la place."* Polic ? Oui, l'un des nombreux sobriquets de ce diable populaire dont on aime tant à se jouer en Bretagne, haute comme basse. Tellement familier, tellement peu conforme à son double "officiel", ce diable breton, que les hommes finissent presque par le considérer comme l'un d'entre eux, un peu comme un benêt proche et intime, hésitant entre l'idiot du village et l'éternelle victime de leurs espiègleries. Pierre-Jakez Hélias, l'évoque, brièvement, dans son *Cheval d'Orgueil*, en prenant bien soin d'opposer, de manière catégorique, celui des contes et des veillées, à celui du catéchisme et des livres d'édification : *"Tenez, l'Autre Cornu, par exemple. Au catéchisme, monsieur le curé nous le peint comme un ennemi juré, celui qui veut notre perte et arrive immanquablement à ses fins si nous cessons un moment d'être sur nos gardes. (...) Eh bien, le diable, dans les histoires de grand-père, rien ne lui réussit jamais. Tout ce à quoi il est parvenu, dans notre famille, c'est de faire éclater l'armoire de l'oncle Corentin le Vieux."*

Il n'a d'ailleurs ici aucun des noms épouvantables de celui de la Bible. Au contraire, en Breizh Izel, il répond, entre autres, aux sobriquets affectueux de Pôl, mais encore de *Pôl goz* (le vieux Pol), Tonton Jean Pôl (dans la région de Cap Sizun), *Ar Paotr braw* (le joli garçon), *ar marchadour glaou* (le marchand de charbon), *Pôtr he treid marc'h* (le gars aux pieds de cheval), *Ar priñs ruz* (le prince rouge), Cornik (le cornu), Lucaz-coz

(le vieux Lucas), ou encore *Pôtr he ivino houarn* (le garçon aux ongles de fer). Il porte les costumes, un peu larges sans doute pour lui, de divinités très archaïques. Pour Dominique Besançon : *"Illustration de l'imperfection du monde(...) il est la figure générique sous laquelle se rangent les protagonistes non christianisés d'origine très ancienne : ours, géant, magicien, dragon, soleil, vent… dont le trait commun est une indécrottable bêtise. On fait appel à lui pour obtenir ce qu'on ne parvient pas à avoir par soi-même : beauté, richesse, amour."*

En Bretagne, le Diable est souvent équipé d'une monture quadrupède. Un cousin du Cheval Mallet poitevin, mais tout de même bien moins dangereux.

Dans le conte *Le cheval du diable*, Le Braz met en scène un naturel cornouaillais qui répond au nom de Jean-René Cuzon. Jean-René s'en revient, placidement de la foire de Landerneau, sur le chemin du Faou, regagnant ses pénates, l'âme en paix, lorsqu'en chemin il croise un inconnu qui lui parle avec force détails des habitants de la petite ville. Il semble tous les connaître par leur nom, leur prénom et jusque dans leurs moindres travers et habitudes. Ceci à part, il se révèle bon camarade, et suffisamment disert pour que le temps du voyage passe vite. Seul un détail intrigue Jean-René : son cheval, contrairement à tous les bidets de basse et même de haute Bretagne, n'est pas ferré.

– C'est parce qu'il est encore jeune et qu'il a le sabot tendre, répond l'inconnu à Jean-René qui l'interroge à propos de cette particularité.

Mais bientôt, l'étrange compagnon s'arrête devant un manoir inconnu, et demandant au Cornouaillais de tenir quelques instants sa monture par la bride, pénètre dans la demeure par la vieille porte d'ogive.

A sa grande surprise, la bête se met à lui parler. Ce n'est évidemment pas une bête ordinaire mais une jeune fille que le diable a métamorphosée pour mieux voyager.

– Regarde donc mes pattes et tu comprendras, fait le bidet à Jean-René, qui, surpris, aperçoit deux jolis, deux fins pieds de jeune fille.

– Mon terrible maître est entré au manoir que tu vois pour y quérir l'âme d'une jeune fille qui vient de trépasser. Il ne va pas tarder à revenir vers nous, la tenant fermement dans le sac que tu vois. Et je ne donnerais pas cher de la tienne, ni de ta peau, si tu n'as pas pris tes jambes à ton cou avant son départ.

Jean-René ne se fit pas prier. Il se mit à détaler aussi vite qu'il le put et courut ventre à terre à peu près jusqu'au Faou. Il resta trois jours sans parler. Ce ne fut que le quatrième qu'il trouva la force de raconter son aventure à la veillée…

Ce diable là, bien que "berné" par Jean-René Cuzon, reste enveloppé d'un nuage de soufre. S'il n'est pas tout à fait le Malin vénéneux, terrible et infaillible de la Réforme, il s'en rapproche tout de même. Tout comme celui qu'évoque Alexandre Bouët dans le chapitre intitulé *La Veillée*, de sa *Galerie Armoricaine*. Ici, c'est le Tad-Kozh, le grand-père de Corentin, le héros, qui ayant vu les *mevel* sortir un jeu de carte pour s'adonner à une passion qui fait rage dans les environs de Quimper au XIXe siècle, leur narre une histoire édifiante. Un jour, dit l'ancêtre, ou plutôt une nuit, trois joyeux drilles, voulant engager une partie, ne parvenaient pas à débaucher un quatrième compère. Déçus on s'en doute, par cette soirée gâchée, ils allaient gagner leurs lits clos respectifs lorsque se présenta un personnage aussi providentiel qu'inconnu qui se proposa de se joindre à eux. La partie était entamée lorsque l'un des partenaires s'aperçut avec horreur que celui qui lui faisait face portait d'énormes gants à travers lesquels perçaient de véritables griffes. Il fit un signe de croix et les trois amis virent alors un tourbillon de flammes s'engouffrer dans le conduit de la cheminée.

D'autres fois, c'est un enfant, qui, marchant à quatre pattes sous la table où les joueurs sont occupés, découvre une magnifique paire de pieds de boucs. Le même remède provoque la même fuite du cornu, qui, découvert, se sauve sans demander son reste !

Dans la tradition bretonne, le diable est un artisan hors pair. Et un maçon à nul autre pareil. Il est capable, en une nuit, de relier les deux berges d'un cours d'eau par un pont robuste et bien fait, ou d'édifier un clocher que les hommes mettraient des années à construire. Aussi ces derniers mettent – ils un point d'honneur à utiliser ses compétences, sans en payer le prix, car comme le dit un dicton trégorrois : *"An diaoul a zo eun den honest : na c'houll man evit man"* (Le diable est un honnête homme : il ne demande rien pour rien.).

Légende

Le diable et la cathédrale de Tréguier

Jean-Marie Toulouzan, de Port-Blanc, racontait à la fin du XIXe siècle la manière dont fut terminé le clocher de la cathédrale Saint Tudual de Tréguier. La nef était achevée. Mais il ne restait plus un liard pour mener à bien l'érection de la tour. Et les pluies incessantes, en automne et en hiver, dans le Trégor, menaçaient l'ouvrage de ruine avant même qu'il ne fût mené à terme. Que faire ? C'est le clergé qui, alors, eut l'idée de faire appel au diable en personne. C'était jouer sacrément avec le feu et composer avec des forces d'une puissance ailleurs insoupçonnée ! Heureusement, le clergé était breton, et c'est au diable… breton qu'il fit appel, à son diable autochtone, justement à ce brave Paolig, aussi prompt à rendre service qu'à se faire rouler dans la farine. Le marché fut promptement conclu. Paolig finirait le clocher en moins de temps qu'il ne faut à un Léonard pour se rendre à l'église, et les âmes de tous ceux qui trépasseraient le dimanche suivant entre messe et vêpres seraient sa propriété. Le clergé était plus finaud que Paolig qui exécuta son travail en un temps record, se frottant les pattes et les griffes de la belle moisson d'âmes qu'il ferait le dimanche suivant. Mais voilà : le jour dit, le recteur de Tréguier avait à peine lancé l'ite missa est de la messe que l'un des chantres de la manécanterie entonnait le premier psaume des vêpres. Paolig en fut quitte pour ses âmes et s'en alla, une fois de plus, la mine contrite et la queue basse.

Dans ces deux récits, le diable apparaît comme un être aussi naïf que foncièrement honnête et courageux travailleur. Dans d'autres, il est présenté comme une sorte d'idiot du village, un membre de la communauté qui sert providentiellement d'exutoire et qui ramasse tous les coups que l'on veut bien distribuer. Comme dans ce récit de Julien Tiersot extrait de son article *La légende du diable chez les Bretons du Pays de Vannes, publié en 1891* dans la *Revue des Traditions Populaires*. Le Diable, qui a lui-même conscience de son ignorance crasse et de sa naïveté, entend s'instruire et apprendre un métier sérieux et plus honorable que rôtisseur et écorcheur patenté… Un jour qu'il se promène, il fait la rencontre d'un bûcheron qui lui paraît exercer une profession digne de son rang.

– Apprends-moi ton métier, lui fait illico le Cornu, d'un air convaincu.

égende Le diable et le pont de Saint-Kado

C'est un récit du même genre, à la fin duquel le diable est lamentablement dupé, que raconte Souvestre dans le chapitre consacré au Pays de Vannes du Foyer Breton.

L'action se situe au bord de la rivière d'Etel. Saint Kado, qui habite son île éponyme, réfléchit à un moyen de la relier au continent par un ouvrage de pierre. Il faut croire que l'idée de faire travailler les bras des hommes ne l'effleure même pas et qu'il répugne à faire couler leur sueur, car il supplie tout d'abord la Vierge de lui venir en aide. La mère de Jésus lui répond par une fin de non recevoir polie mais sans appel : les saints de Bretagne grèvent son budget par leurs miracles innombrables et incessants. Quant aux anges du ciel, ils sont tous occupés ailleurs…

Reste… ce brave Paolig, se dit alors Kado, qui n'est pas sans connaître les excellentes compétences de maçon du Cornu et qui a peut-être entendu parler de l'érection du clocher de la cathédrale Saint Tudual. Le saint homme s'en va incontinent à la boutique d'en face solliciter le secours du patron, qui ne peut lui refuser ce service, mais qui, en bon ouvrier, réclame le juste salaire de son labeur : la première âme qui passera sur le pont fraîchement construit. Kado acquiesce et Paolig se met à l'ouvrage. Un ouvrage promptement achevé puisqu'une seule nuit suffit au maçon aux pieds de bouc à fixer piliers et tablier. Il faut dire qu'il fut suppléé dans cette entreprise par Madame Paolig elle-même, qui transporta avec dévouement et bonne humeur les moellons les plus lourds dans son tablier. Au moment de régler l'addition, l'espiègle Kado lâche sur le pont un chat noir vieux, pelé et fatigué en criant au diable : Paolig, voici la première âme et la première créature de Dieu à passer sur ton ouvrage ; paye toi donc, ah, ah, ah !

Furieux d'avoir été berné une fois de plus, le cornu tente bien de détruire le pont construit dans la nuit. Mais Kado l'en dissuade énergiquement en brandissant croix et goupillon, qui le mettent promptement en fuite.

– Bien volontiers, répond le bûcheron qui a tout de suite identifié son interlocuteur. Tu n'as qu'à monter sur la plus haute branche de l'arbre que tu vois là, à t'asseoir dessus bien confortablement de manière à ne pas perdre l'équilibre et à commencer à la scier. Lorsque tu en auras fini avec celle-là, tu répéteras l'opération avec la suivante, puis avec les autres, jusqu'à ce que tu aies fini.

– Compris, fit le diable, qui s'empressa de se mettre à l'ouvrage.

Le chêne était vénérable, et ses branches, grosses comme des troncs. Le diable, assis sur la plus haute d'entre elles, se mit à la scier et fit la plus rude chute de toute sa vie. Comble de malheur, il eut à peine atteint le plancher des vaches que la branche coupée lui tomba sur la tête !

C'est ainsi. Imparable et réglé comme du papier à musique : le diable breton, l'indigène, est plus bête que méchant, assez incapable de nuire à autrui bien qu'il en ait parfois l'envie, et finit toujours par faire rire à ses dépens. Même jusque pendant l'exorcisme, c'est-à-dire l'exercice le plus sérieux, le plus grave et le plus périlleux accompli par le serviteur du Christ, comme en témoigne cette histoire quelque peu grivoise racontée à Adolphe Orain par le père Constant Tual de Bain et consignée dans son *Folklore de l'Ille-et-Vilaine* : Il y avait, dans l'une des paroisses des bords de Vilaine, une jeune fille qui était possédée par le démon. Elle faisait le désespoir de ses parents qui, un jour, décidèrent d'aller en référer au recteur de la paroisse. Le prêtre prit son manuel d'exorcisme et sa plus belle étole et s'en vint prestement au lieu où il devait exercer ses talents. Il aspergea copieusement la possédée d'eau bénite et somma le diable de sortir de son corps. Ce dernier refusa. L'opération fut recommencée jusqu'à ce que le Malin, épuisé par la lutte contre l'homme de Dieu, consente à trouver un accord avec lui :

– Soit, fit-il, j'accepte de sortir du corps de la fille si je puis entrer dans celui du sacristain !

– C'est entendu fit le curé, qui avait plus d'un tour dans son sac. Tu vas donc sortir par la bouche de la jeune fille pour entrer par le derrière du sacristain !

– Marché conclu ! fit le Cornu, qui n'y tenant plus, s'empressa de quitter le corps de la malheureuse.

Hélas pour lui, le temps qu'il remonte jusqu'à la bouche de la fille, le bedeau était allé s'asseoir confortablement dans le bénitier ! Paolig en fut pour sa peine et une fois de plus, s'enfuit la queue basse en proférant des menaces qui ne seraient jamais mises à exécution !

C'est d'ailleurs une chose universellement connue que Paolig ou ses aides de camp, s'ils tiennent parfois tête aux hommes ordinaires, filent droit devant les hommes d'Église, qui ont toujours le dernier mot. Comme ce Tadic Coz déjà évoqué, qui n'avait pas son pareil pour célébrer, en haut du Menez Bré, *l'oferenn drantel*, la messe de trentaine, qui, récitée à l'envers, avait le don de maîtriser tous les démons du secteur. Cette messe de trentaine, écrit Le Braz : *"se célébrait à minuit. On la disait à rebours, en commençant par la fin (...) Tous les défunts de l'année se rendaient à cette messe. Tous les diables aussi y comparaissaient."* La messe dite, le prêtre exorciste *"commençait l'appel des diables, dans le porche. Ils accouraient en poussant des hurlements sauvages. C'était le moment terrible (...) Il (l'officiant) imposait silence aux démons, les faisait défiler devant lui un à un, les obligeait à montrer leurs griffes, pour voir si l'âme du défunt à l'intention de qui il avait célébré l'ofern drantel, n'était pas tombée en leur possession, puis les renvoyait à mesure, en distribuant à chacun une graine de lin, car les diables ne consentent jamais à s'en aller les mains vides."*

Marcel Blanchard, profession exorciste

Quistinic, en plein pays vannetais, est un hameau tranquille, environné de bois et de landes. Sur les toits des maisons du bourg, le chaume a cédé depuis longtemps la place à l'ardoise de Trélazé. Mais les racines sont là, bien présentes, courant à fleur de terre. La Tradition n'est pas près de déserter les lieux, dans un pays qui conserve tous les archaïsmes solidement vissés à l'âme de la population. La porte du presbytère, une grande bâtisse discrète nichée dans une petite rue sombre, s'ouvre sur la silhouette longue et gracile d'un prêtre en soutane ; c'est l'abbé Blanchard, recteur de la paroisse et exorciste du diocèse du Morbihan… "Un exorciste doit avoir une délégation de l'évêque. Il ne s'agit pas d'un don personnel, mais d'une mission. Le combat contre Satan est confié à l'Église. Et chaque évêque est obligé d'avoir un exorciste. "Il faut bien, pour combattre le Malin, le savoir-faire d'un professionnel. Un saint homme prêt à tous les sacrifices pour faire sortir le démon des corps qu'il habite, avec la même foi, la même fermeté qu'autrefois Tudual ou Pol Aurélien terrassaient les dragons. "Lorsque Mgr Gourvès, l'évêque de Vannes, m'a demandé d'exercer cette fonction, j'ai accepté immédiatement. J'étais prêt à me consacrer à cet apostolat."

En guerrier de la foi, armé de sa soutane, de sa Bible -en breton- et de son goupillon, Marcel Blanchard est prêt à affronter les noires cohortes de Satan. Mais attention, les diables qu'il combat, les créatures infernales contre lesquelles il lutte avec énergie et discernement, n'ont rien ou presque à voir avec les petits démons de la tradition bretonne, avec le diable de Saint Kado ou celui de Tréguier. Non, ce sont des démons terribles, impitoyables, de véritables pourvoyeurs de l'Enfer, qui ont juré de perdre irrémédiablement et définitivement, sinon le genre humain, du moins les victimes qui tombent entre leurs griffes.

"Tu sais, fait l'abbé sur un ton entendu, beaucoup de ceux qui viennent me consulter, me disent : "Moi je ne croyais ni à Dieu ni à Diable. Mais j'ai bien été obligé de croire au diable. Et à présent je crois en Dieu.

Difficile de discerner pourtant, la part de l'exorciste et celle du psychiatre. L'abbé Blanchard, très diplomatiquement, continue : "Il faut au moins une heure pour comprendre si la personne est vraiment possédée… Sur cinq personnes qui viennent me voir, deux ne relèvent pas de l'exorcisme…" On l'a compris, celles-là voient des démons comme Jeanne d'Arc entendait des voix… Le téléphone sonne… L'abbé interrompt son discours. La conversation est animée. La souffrance est palpable à l'autre bout du fil… "Il faut avant tout savoir écouter les gens, les aimer… dans ce cas ci ; l'esprit du mal est furieux. Mais je peux aussi intervenir par téléphone…"

Le combat contre le Malin peut être long et difficile. Athlète de la Foi, l'exorciste combat des forces retorses et redoutables. "Lorsque nous avons exorcisé une personne possédée, elle connaît une phase d'apaisement. Mais c'est à ce moment que l'esprit du Mal se venge, provoquant un phénomène d'auto-ensorcellement. A ce moment là, la victime voit le mal partout. Je me suis occupé d'une femme qui était attaquée de manière épouvantable. Elle faisait des bonds sur son lit. Aujourd'hui elle n'est pas délivrée, mais elle sait qu'elle est persécutée par l'esprit du mal. Ça n'en finit pas…"

Secret de sacristie oblige, on n'en saura pas plus sur le mode opératoire de l'exorciste, ni sur ses armes et ses rituels…

A l'apogée de sa carrière, Marcel Blanchard traitait un cas par semaine. "Il fallait plusieurs séances d'une heure pour venir à bout des cas les plus récalcitrants. Aujourd'hui, je ne suis plus exorciste officiel, mais in petto. Je continue de m'occuper des cas les plus difficiles et les plus anciens. Ces gens là ont besoin d'être entendus, compris, secourus." Une écoute, une compréhension, un secours qui font douter certains jeunes prêtres qui ne croient plus au diable de la même manière que les anciens.

"Aujourd'hui, beaucoup de prêtres sont méfiants et n'acceptent plus de prendre les gens en charge. Ils sont persuadés qu'il s'agit de phénomènes d'auto-suggestion.

Tristes temps. Amères désillusions.

L'Ankou, ouvrier de la mort...

Pour paraphraser le barde Glenmor qui, en raison du nombre de Bretons tombés sur le “champ d'honneur” entre 1914 et 1918, écrivait que “le 11 novembre, chez nous, est fête nationale”, on pourrait dire que l'Ankou, en Bretagne armoricaine est un héros national. Et pour paraphraser Camille Jullian, qui prétendait, dans son *Vercingétorix*, que le jeune prince arverne était “le héros d'un seul livre”, on pourrait écrire que cet Ankou fut le personnage clé, le rôle titre du plus important ouvrage de Le Braz. Oui, un héros. Un personnage essentiel et incontournable. Presque une vedette, la tête d'affiche de la légende des siècles sur cet embarcadère vers l'Autre Monde. Ce n'est pas rien. Et c'est vrai qu'il est tour à tour tout cela et bien autre chose, ce grand escogriffe qui donna encore son nom à une aventure de Spirou, et des plus fameuses, lorsque Jean-Claude Fournier, l'ex penn-soner du bagad de Saint-Quay-Portrieux s'avisa de lui faire prendre le parti de la population des Monts d'Arrée aux prises avec une administration française rigide comme la trique d'un gardien de camp soviétique ou d'un kapo chinois, qui maintenait contre vents et marées un projet de centrale nucléaire en plein milieu du sacré.

L' Ankou, jadis son évocation seule suffisait à faire trembler dans les chaumières. On en avait peur, mais on savait bien que personne, ni les riches ni les pauvres, ni les hommes ni les femmes, ni les Léonards, ni les Trégorrois, ni les tailleurs d'habits ni les charpentiers, ni les marins ni les paysans, ne pouvait lui échapper. On n'échappe pas à l'Ankou. Sorte de divinité tutélaire de ce que les auteurs anciens considéraient comme le "pays de la mort", l'Ankou est partout. Sur la lande et dans les chemins creux. Sur le rivage de l'Armor et dans les forêts de l'Argoat. Dans les champs et dans les rues des bourgs. Quoi de plus naturel alors qu'il ait, comme tout prince et tout aristocrate de haut rang, ses effigies sculptées dans la pierre dure ou dans le bois. Comme ce splendide Ankou de Ploumilliau, un drôle de personnage hiératique dans sa gaine de peinture jadis polychrome et aujourd'hui grisâtre qui inspira les frayeurs enfantines de l'auteur de la *Légende de la Mort* : *"C'est une statuette en bois jadis peinturlurée, mais que le temps a recouverte d'une épaisse couche de poussière. Elle rappelle à certains égards les "écorchés" qui ornent bizarrement la plupart des cabinets d'histoire naturelle, mais le ventre se creuse en un trou béant. Cet "Ankou" a été la terreur de mon enfance. Son voisinage troublait toujours mes jeunes prières (...) On ne vient jamais à Ploumilliau sans lui rendre visite. Il vient de subir à peu près le même traitement que Saint Yves de vérité."* Même traitement, même punition. Parce que sommé par la population, qui s'adresse indistinctement à lui et aux saints, de faire mourir sur pied quelque fonctionnaire un peu trop tâtillon, le malheureux Ankou fut un beau jour détrôné du porche de l'église où il posait fièrement comme une personne de son rang, pour être relégué dans un coin sombre du clocher. Le pauvre Erwanig Plouillio, surnom donné affectueusement par la population qui l'associait dans sa tendresse à tous les thaumaturges locaux, s'est subitement trouvé reclus parmi les "saints infirmes ou hors d'usage", avant d'être "réhabilité" et de retrouver une place un peu plus digne, une fois l'orage ecclésiastique passé, dans la nef de l'église.

Mais qui est-il vraiment ? Son nom, en breton, signifie "angoisse", "oubli". Pour Georges Dottin, l'ancien recteur de l'université de Rennes, il est *"la mort personnifiée"*. Et pour Le Braz : *"l'ouvrier de la mort"* (oberour ar maro).

Toujours pour le Braz, il hésite entre le rôle du *"chef de la police des morts"*, une sorte de super administrateur et celui de *"maire des morts"* comme le lui confia un jour un de ses informateurs paysans. En tous cas l'un des grands ordonnateurs des choses de l'Au-delà et d'Outre Tombe. Peut-être même bien un descendant, un avatar d'un de ces "rois des morts" de la mythologie celtique, en particulier de ce Taranis dont tous les Gaulois, d'après César, se croyaient issus.

Son physique n'est guère avenant. Il est, on s'en doute, en harmonie totale avec son métier, ou plutôt sa fonction. Le peuple le dépeint parfois comme un grand type décharné, parfois carrément comme un squelette. Dans le premier cas, le plus fréquent du reste, son "visage" est caché par ses cheveux qu'il porte longs à la manière des paysans bretons du XIXe siècle et il se drape dans un ample manteau noir. Dans le second, il est enveloppé d'un simple linceul. Quant à son cou, on le prendrait volontiers pour un ressort, tant sa tête vire sans cesse en haut de sa colonne vertébrale *"ainsi qu'une girouette autour de sa tige de fer"* (Le Braz).

Ses instruments de travail favoris sont la faux, emmanchée à l'envers, qu'il ne ramène pas vers lui, mais qu'il lance vers ses victimes, et une charrette nommée par dérision *karrigel* (la brouette), tirée par un, deux, parfois par trois chevaux étiques, et dans laquelle il entasse les âmes fauchées préalablement. Il est parfois accompagné de deux aides de camp, qui hésitent vaguement entre le statut de *mevel* (valet) et celui d 'apprenti. L'un conduit par la bride le cheval de tête. L'autre a pour mission d'ouvrir les barrières des champs et les portes des maisons où l'Ankou va "faucher", puis d'empiler dans la charrette la belle moisson d'âmes de son maître.

L' Ankou est à sa manière aussi un personnage protéïforme ; il prend, chaque année, le visage du dernier mort de l'année passée.

Généralement terrestre, il peut être aussi marin et aquatique. Dans ce cas, au lieu de conduire une charrette attelée à un, deux ou trois chevaux, selon les cas, il pilote un drôle d'esquif chargé à ras bord d'âmes en peines : le *bag noz*, dont il a été question précédemment. C'est au large de la pointe du raz, à quelques encablures de la baie des Trépassés, que l'on peut croiser ce surprenant équipage. Sur le *bag noz : "Il n'y a pas d'autre équipage,* écrit Per-Jakez Hélias, *qu'un seul homme, impassible, à l'arrière, qui tient un gouvernail : c'est l'Ankou marin."* Cousin ou double de cet Ankou terrestre qui terrorise les bonnes gens au fond de leurs chaumières ? Sans doute. En tous cas, tout comme son compère à la *karrigel*, le pilote du bag-noz prend, chaque année le visage du dernier trépassé.

Mieux vaut éviter, la nuit si l'on s'est attardé sur les chemins, de croiser celui de l'*oberour ar maro* ; son haleine, son regard, son simple contact auraient vite fait de vous envoyer au séjour des morts. Comme ce jeune homme de Trézélan, qui, à la tombée de la nuit, s'en était allé conduire ses chevaux au pré. Entendant le sinistre wik ! wik ! de l'essieu de la fameuse *karrigel*, le bougre se cacha dans une touffe de noisetiers et vit de ses propres yeux trois chevaux, blancs cette fois, attelés en flèche à une charrette conduite par le faucheur, accompagné de deux hommes. Ce fut la dernière vision qu'il eut, car au matin, une fièvre inconnue le terrassa et le lendemain, on l'enterrait.

Légende

Le forgeron de Ploumilliau

Quant à Fanch ar Floc'h, qui exerçait à Ploumilliau, l'honorable profession de forgeron, il décida de rester à son atelier, lors d'une veille de Noël, et de laisser sa femme et ses enfants aller seuls à la messe de minuit, arguant qu'il avait une paire de roues à finir d'urgence pour un client exigeant et pressé.

– Eh bien soit, lui dit sa femme en partant. Reste travailler, mais surtout n'oublie pas de t'interrompre avant que ne sonne le carillon de l'Élévation.

Fañch qui n'était pas un mauvais chrétien, promit, sans doute sincèrement, d'aller se coucher avant l'heure sainte. Seulement voilà, le temps passe vite lorsque l'on est occupé à un travail si prenant et si méticuleux. Minuit sonna et le forgeron de Ploumilliau était toujours occupé à son labeur. Il n'entendit pas les cloches tinter au loin, au clocher du bourg, ni même la porte de son atelier s'ouvrir. Mais il resta interloqué et le marteau levé lorsqu'il s'entendit appeler par son nom par un grand escogriffe vêtu de noir, dont le chapeau à larges bords mangeait au moins la moitié du visage.

– J'ai vu de la lumière chez vous et je me suis permis d'entrer, fit le drôle avec un ricanement qui n'augurait rien de bon.

– C'est que j'ai du travail, répliqua Fañch et il me faut l'avoir fini avant l'Élévation.

L'autre grinça des dents de plus belle et lui dit dans un souffle putride :

– Oh, vous savez, vous pouvez prendre tout votre temps à présent, car voici un quart d'heure que l'Élévation est passée. Aussi, quelques minutes de plus ou de moins. D'ailleurs le travail que je vous demande ne vous prendra qu'un instant. Voyez, fit-il, en sortant de son ample manteau noir une faux emmanchée à l'envers. Il ne s'agit que de fixer ici un rivet qui s'en est allé.

– S'il n'y a que cela ! répliqua Fañch, tout de même bien contrarié d'avoir manqué à sa parole, je vais vous le rendre, votre service.

Au moment de s'en aller, l'étranger dit encore à Fañch : "Maintenant, il me faut vous payer"

– Oh, pensez-vous, pour un simple rivet !

– Ta, ta, ta ! répondit le bougre, tout travail mérite salaire ! Voici donc le vôtre : je vous avertis solennellement, Fañch ar Floc'h, que cette nuit est la dernière que vous passerez dans ce monde ci. Lorsque votre femme rentrera de l'église, dites-lui de retourner au bourg et d'aller quérir le recteur au presbytère, afin qu'il vous administre l'extrême onction.

A ces mots, les jambes du forgeron défaillirent sous lui. Il n'eut que le temps de se traîner jusqu'à son lit, où son épouse le trouva, dévoré de fièvre et les tempes moites de sueur. Lorsque le coq chanta, aux premières lueurs de l'aube, Fañch Ar Folc'h, rendit l'âme pour avoir forgé la faux de l'Ankou.

Mais pas seulement, on s'en doute ! Car comme le malheureux jeune homme de Trézélan, il avait violé une convention et un usage. Il avait travaillé de nuit. Il était mort pour avoir empiété sur un domaine qui n'est pas celui des hommes et sur un temps qui appartient aux esprits. C'est en ce sens que l'Ankou apparaît bien, dans toute la légende de la Mort, comme une sorte d' "administrateur" ou de "gendarme" de la mort. Il ne frappe pas au hasard, par haine ou méchanceté gratuite ; sa karrigel n'emporte que les âmes dont l'heure a sonné. Les âmes de ceux qui ont violé les conventions tacites passées, dans des temps immémoriaux, entre le peuple des hommes et celui de l'Autre Monde. Chacun chez soi… et les âmes seront bien gardées…

La baie des Trépassés, à la pointe de la Bretagne : un lieu chargé d'âmes en instances.
(photo : Louis Bourdon)

L'Anaon, des "revenants" bien encombrants...

Les âmes ! Justement, elles sont si nombreuses, si omniprésentes, en Bretagne armoricaine qu'on finit par les englober dans un collectif dont la langue bretonne seule a le secret : *Anaon ! L'Anaon !* Ni singulier (c'est *ene*), ni pluriel (*eneoù*). Autre. Différent. Sur un autre plan.

Mais comme nous l'avons déjà vu, l'Autre Monde, le monde invisible, est en Bretagne si près, si proche de l'ici-bas et du monde visible et tangible que nombreuses sont les portes qui permettent de passer, presque à sa guise, de l'un à l'autre. Point en la matière de frontière ni de fossé infranchissable. Et point de transformation notable, du moins pour la plupart des "âmes mortes", ces cortèges d'âmes de Monsieur Tout le Monde, qui sont, de loin, les plus nombreuses à peupler l'Autre Monde. *"Ces derniers,* écrit Le Braz, *continuent, en effet, pour la plupart, de faire dans l'autre monde ce qu'ils faisaient dans celui-ci. Et de tous les rapprochements qui s'imposent entre la légende bretonne et l'ancienne tradition celtique, ce n'est pas ici sans doute le moins significatif. Le trépas ne change rien à la condition de l'homme. Le mort est "parti", mais la vie qu'il mène dans sa nouvelle résidence est identique à son existence d'autrefois. Comme le Celte des âges épiques était assuré de retrouver sur l'autre rive son harnais de guerre et ses armes, ainsi le Breton de nos jours est censé reprendre "là-bas" ses outils et ses habitudes."*

C'est ainsi que les marchands de Ker Is, au large de l'archipel des Sept Îles, ou ailleurs, continuent de vendre leurs étoffes, leurs boissons capiteuses et leurs aromates, comme ils le faisaient avant le cataclysme de la submersion.

Le mort conserve dans l'Autre Monde, ses goûts personnels, ses habitudes de travail et jusqu'à ses vêtements usuels. Rien ne le différencie réellement des vivants, d'ordinaire, si ce n'est parfois un teint sombre et cireux, celui précisément des défunts.

Il hante les lieux qu'il a aimés. Il revient s'asseoir à la table familiale. Pour lui, nous l'avons déjà vu, on laisse, à certaines occasions comme la "nuit les morts", justement, sa plus grande fête annuelle, des piles de crêpes dorées, un pichet de cidre, une écuellée de lait ribot sur la grande table à ventre, et une magnifique bûche, la *kef an Anaon,* dans la cheminée. Car on sait, dans toute la Bretagne, que l'Anaon, passe le plus clair de son temps à réchauffer ses pauvres membres à demi congelés par le froid. *"Il revient, ai-je dit,* écrit encore Le Braz. *L'expression est impropre. Ce ne sont point là des revenants, puisque, à parler exactement, ils ne se sont point éloignés, ou si peu. On n'a pas plus tôt cloué le cadavre dans sa bière qu'on le rencontre, la minute d'après, adossé à la barrière de son courtil. Si la mort est un voyage, le retour, en tous cas, suit de bien près le départ."*

Longtemps, en Bretagne armoricaine, l'usage voulut que l'on ne fermât point, la nuit, les portes des fermes, en prévision de la venue, fréquente, des âmes mortes.

Invisibles le jour, les âmes, dès le coucher du soleil, envahissent les champs, les landes, les grèves, les bois, les forêts et les grèves. La nuit leur appartient comme le jour appartient au vivants. Et ceux qui, par négligence, par forfaiture ou par provocation, tentent d'y contrevenir, s'exposent à de terribles sanctions, à de douloureuses réprimandes. Car *l'Anaon* a un sens de l'humour... relatif...

Mais il ne semble au fond qu'en transit, en instance dans ce monde intermédiaire. Mal à l'aise, grelottant de froid, il y effectue une sorte de purgatoire en attendant de passer, pour de bon, d'un côté ou de l'autre. Les mauvais morts, les morts malfaisants, vont en Enfer tandis que les portes du Paradis s'ouvrent à ceux qui n'ont rien ou presque à se reprocher. Pour cette dernière étape, sur ce long chemin, ils doivent parfois se faire aider par des vivants avec qui ils n'ont pas encore réglé tous leurs comptes.

Comme ce vieux fileur d'étoupe de Penvénan, qui, une fois trépassé, continua, durant une bonne année, à faire des siennes dans le grenier de la chaumière de Keribot, chez Charlo et Soez Chatton. A peine les enfants de la maisonnée étaient-ils endormis, au plus profond de leurs lits clos, le vieux se mettait à travailler sur son rouet, au point que les époux en perdirent le sommeil. Un jour, ou plutôt une nuit, où, ayant englouti force chopines de *chistr* et un nombre plus que respectable de petits verres de *gwin ardant*, Charlo se sentit plus de courage dans les veines que d'ordinaire, il résolut d'aller voir là-haut ce qui se tramait. Il n'eut pas même le temps de grimper la moitié des marches qu'un vent violent, un vent terrible, un vent glacial, comme venu d'outre tombe, le projeta sur le sol de terre battu du rez-de-chaussée.

Entre Porstall et Argenton

N'y tenant plus, perclus de contusions, plus mort que vif, il décida, le lendemain, de s'en aller rendre visite au fils du vieux qui tenait une ferme dans la paroisse de Plouguiel.

– Il se passe chez moi des choses étranges, Job, fit Charlo sur le ton de ceux qui ont vu. Ton père revient. A peine la nuit est-elle tombée, il reprend son rouet et passe toute la nuit à filer, comme de son vivant. M'est avis qu'il a besoin d'une bonne messe pour nous laisser enfin en paix. Si tu ne la commandes pas à An *Aotrou Person*, j'irai moi-même le trouver pour faire célébrer un office.

Le fils était bon chrétien et s'en alla de bon gré trouver le recteur de Penvénan, qui se hâta de dire une messe pour l'âme du défunt. A partir de ce moment, le vieux *stouper* se tint tranquille et ne perturba plus jamais la quiétude de ses anciens voisins.

Pointe Saint-Mathieu

Légende

Le vieux de Tourc'h, un fantôme amoureux...

Les morts, c'est sûr, ont leurs habitudes et leurs besoins. Certains même ont encore des envies et des désirs, tout comme les vivants. C'est ce que prouve en tous cas, l'histoire du vieux de Tourc'h, qui se passa, il y a bien longtemps, dans cette paroisse de Cornouaille.

Un célibataire du hameau de Keranniou s'était marié, sur le tard, à une toute jeune femme, à qui il avait fait sept enfants avant de tirer sa révérence, dans sa soixante-dixième année. Vivant, le bougre était d'un naturel gai et enjoué. Comme beaucoup de ses compères de l'Anaon, il conserva dans l'Autre Monde son caractère et ses inclinaisons. Il revenait souvent traîner autour de la ferme, bailler aux corneilles dans le courtil et s'asseoir sur le chipot, dans la grande cheminée de granit. On ne le voyait pas souvent, mais on l'entendait rire à tout instant, dans un coin de la ferme. Surtout, bien que mort, il s'était pris d'affection pour Thérèse, une jeune vatez qui riait elle aussi à gorge déployée du matin au soir et entourait les enfants de soins et d'un amour constant.

Thérèse, le fantôme amoureux, et Katic son épouse légitime

Mais le vieux n'en faisait pas tout à fait à sa guise. Jadis il avait manifesté un tropisme un peu exagéré pour la bouteille de cidre et le verre de lambig. Il avait sacrifié avec un peu trop d'entrain au Bacchus celtique et à la déesse des pommiers. Aussi, à sa mort, devait-il accomplir sa pénitence en gardant le verger, derrière les claies de paille tressée. Mais il faisait contre mauvaise fortune bon cœur, s'acquittant de sa tâche avec tout le sérieux dont il était capable.

Parfois il s'amusait bien à égarer dans les garennes environnantes les cochons et les vaches que Thérèse était chargée de garder. Mais c'était pour rire ! Thérèse, arrivant dans le champs, faisait mine de se gendarmer. Aussitôt le vieux, sortant comme un diable d'un rameau de bruyères ou d'une touffe de genêts, la conduisait bien vite vers les bêtes. Les choses en restaient là, sur un gros éclat de rire partagé. L'affection qui liait ces deux êtres était indéfectible, et le vieux tenait tout autant à Thérèse une fois mort que du temps de son vivant.

Non content d'égarer les bêtes, le "vieux" multipliait les farces et les espiègleries, dans toute la maisonnée. Il n'aimait rien tant que d'administrer une belle, une sonore, une tonitruante, une magistrale claque sur le fessier de celui qui était le dernier à pénétrer dans son lit-clos, le soir, au couvre feu. En même temps que la claque, on entendait son rire clair envahir toute la maison, et chacun s'endormait en pensant : "Ah, c'est encore un tour du vieux !" Tandis que sa victime, le derrière cuisant, se promettait de traîner un peu moins, le lendemain, autour de la cheminée. Parfois encore, lorsque Thérèse faisait, sur le pillig, de belles et rondes crêpes, blondes comme des soleils, le "vieux" allait lui tenir compagnie, la chahuter et la lutiner un peu, attrapant au passage quelques krampouz qu'il continuait à apprécier comme du temps où il était encore de ce monde. Mais voilà, toutes les choses passent. Un jour Thérèse décida de prendre époux et demanda un congé qui lui fut promptement accordé. Ce ne fut plus elle dès lors, qui étala la pâte d'ed gwenn et d'ed du sur la tuile brûlante, mais la vatez principale, cette Môn au cœur aussi dur que la pierre de Kersanton, qui eut vite fait de l'envoyer au diable. Comme le vieux insistait, réclamant une crêpe qu'on n'aurait eu garde de lui refuser du temps de Thérèse, Môn lui en appliqua méchamment, une, toute brûlante, sur le visage, d'un coup de spanell. Le vieux hurla, se tordit de douleurs, parcourut la pièce en long et en large en couinant comme une musaraigne avant de disparaître. Môn se réjouissait de sa vilaine blague et s'endormit ce soir là, sur ses deux oreilles, persuadée d'être débarrassée une fois pour toute de l'importun. Mais les morts n'aiment pas qu'on leur manque d'égards ! Et encore moins qu'on leur refuse la pitance qui est leur dû. A minuit, le vieux revint, discrètement. Lorsque Môn s'en aperçut, il était trop tard. Elle était coincée entre le pied de son lit clos et l'armoire et crut bien que sa poitrine allait exploser tant le vieux resserrait, avec un air mauvais, les deux meubles l'un contre l'autre. A force de hurlements, elle réveilla la maîtresse et le mevel qui vinrent la tirer d'affaire. Mais elle en fut quitte pour une boîterie à vie.

Le vieux, cependant, ne tarda pas à revenir. Mais ce fut pour se glisser dans le lit clos de Katic, son épouse légitime, à qui il renouvela les ardeurs qu'il avait eues de son vivant. Lorsque la jeune femme faisait mine de s'étonner de tant d'amour et de sensualité manifestés par un mort, le vieux répondait que c'était justement pour cela qu'il était revenu : parce qu'il n'avait pas eu son compte d'enfants. Aussi, Katic ne tarda guère à porter sur elle les signes de la grossesse et neuf mois plus tard, elle mit au monde un bambin qui, bien qu'il fût chétif, ressemblait à tous les enfants "normaux", en dehors du fait qu'il n'avait pas d'yeux dans les orbites. On jasa bien un peu, au village, au fond des chaumières. Mais le recteur, qui reçut la confession de Katic, mit une fin énergique à ces vilains commérages. Quant au Vieux, il s'en revenait, désormais, chaque soir, pour bercer le petit.

L'enfant, qui parlait comme une grande personne, et qui avait l'air de tout voir et de tout savoir malgré ses orbites creuses, vécut jusqu'à l'âge de sept mois. Un matin, on le trouva mort dans son berceau. Le vieux accompagna en terre la dépouille de son dernier et disparut tout à fait. Tout le monde sut alors qu'il attendait que le petit le conduisît au cimetière en le tenant par la main.

Légende

Des noces au cimetière

Hélas, les morts ne sont pas toujours aussi bienveillants, aimables et espiègles que le Vieux de Tourc'h. La jeune et jolie penhérès Dunvel Karis, de Bégard, l'apprit à ses dépens. Elle aimait, d'un amour réciproque, René, le fils d'Ervoann Pennek, le maître de la ferme du Quinquiz. Les deux tourtereaux se fréquentaient autant qu'il leur était permis de le faire, échangeant des noix contre des sourires et des promesses aux pardons, foulant ensemble l'aire neuve aux moissons, se donnant des rendez-vous à la brume de la nuit dans le cimetière, s'embrassant tendrement dans le clair-obscur de l'ossuaire du village, en attendant les noces qui seraient célébrées un jour prochain, lorsque les parents auraient donné leur accord. Hélas, leur destin fut contrarié et les noces joyeuses qu'ils attendaient avec impatience n'eurent pas le tour qu'ils entendaient leur donner. Un jour où il s'en était allé vers un chantier de bûcherons où son père l'avait mandé, René fit une mauvaise chute de cheval. Sa tête alla heurter violemment une pierre du talus et il rendit son dernier soupir. Les bûcherons posèrent sa dépouille sur une charrette, qui fut au plus vite acheminée vers la ferme de ses parents. Au milieu de la nuit suivante, Dunvel, qui ignorait tout du drame, et qui, animée d'un sombre pressentiment, ne parvenait pas à trouver le sommeil, entendit trois coups frappés à la porte de sa chaumière. En deux temps trois mouvements, elle jaillit de son lit clos et s'enquit du nom du visiteur.

– C'est moi, ma koantig, moi, René, qui viens vous chercher pour nos noces !

– Nos noces, à cette heure ci ? s'étonna Dunvel, interloquée.

Mais devant l'insistance de son fiancé, elle le suivit, monta en croupe sur son étalon, qui fila droit dans la nuit, à bride abattue.

– René, mon ami, ne trouvez-vous pas que votre monture va très vite ?

– Il faut aller, ma dousig, lui répondait René. Il faut aller.

– René, est-ce bien au Quinquiz que vous me menez ?

– Je vous conduis chez moi, ma dousig. Est-ce bien cela que vous souhaitez, pour vous comme pour moi ?

Face à une telle assurance, Dunvel n'osait répondre et se taisait. Mais son cœur battait la chamade en sa poitrine. Elle sentait bien, elle savait bien que cette cavalcade nocturne n'était pas très naturelle. Bientôt elle aperçut, au lieu du chaume de la demeure des parents de René, le clocher d'ardoise de la paroisse. Puis le cimetière se dessina sous le clair de lune. Le portail en était grand ouvert. L'étalon s'y engouffra à vive allure, fit un bond immense par-dessus plusieurs rangées de tombes et s'arrêta net au bord d'une fosse toute fraîche…

Pendant ce temps, les parents de Dunvel, avertis par leur fille de son départ, s'étaient mis sur leur trente et un, enfilant pour l'un son plus beau chupenn, coiffée pour l'autre de sa plus belle coiffe trégorroise, et s'étaient dirigés d'un pas énergique vers la ferme du Quinquiz. Quelle ne fut pas leur surprise et leur douleur, lorsqu'arrivant chez Ervoann Pennek et sa femme, ils ne trouvèrent, sur la table de la cuisine, que le corps sans vie du fiancé, dont la cervelle s'échappait par un trou du crâne… En pensant à leur fille, ils se jetèrent un regard d'épouvante. Avaient-ils compris ?

Le lendemain, lorsque les fossoyeurs voulurent mettre en terre l'unique héritier du Quinquiz, ils reculèrent de dégoût et de terreur : le cadavre, aplati et défiguré de Dunvel gisait au fond de la fosse….

Revenants transformistes...

Les choses se corsent, lorsque l'on sait que le peuple nombreux des morts, se mêle intimement à celui des êtres fantastiques, pour ne plus faire qu'une famille nombreuse et multiforme. Ce que signifie Le Braz, lorsqu'il écrit : *"En Bretagne comme en Irlande, la confusion s'est produite de bonne heure entre les personnages purement fantastiques et les fantômes."* Nous avons déjà évoqué les conjurés, qui apparaissent sous la forme de chiens noirs, de chats noirs, voire d'oies. Zacharie Le Rouzic, pour sa part, dans un long chapitre de son *Carnac,* consacré aux *spontaills* et revenants, décrit toute une théorie de fantômes eux aussi protéïformes et en vérité plus farceurs que proprement dangereux. *"La route de Carnac à La Trinité-sur-Mer,* écrit-il, *traverse les marais du Quéric par une digue ayant une vanne appelée Pont-er-Gérek. Là se tenait autrefois un revenant célèbre, dit Spontaill-er-Gérek.*

Il se présentait sous différentes formes, tantôt comme un homme, souvent comme un chat, comme un buisson de feu, mais souvent comme un lièvre. Il apparaissait et disparaissait toujours aux mêmes endroits (...) Il ne faisait de mal à personne, mais malheur à ceux qui essayaient de le prendre ou de le frapper, ils étaient sûrs d'être jetés dans les marais ou dans les buissons de la lande du voisinage, d'où ils ne se relevaient jamais seuls. Ce spontaill était l'âme d'un homme du voisinage qui accomplissait sa pénitence pour quelque péché qu'il avait commis sur la terre (...) aujourd'hui, sa pénitence est finie et on ne le voit plus."

Cette faculté de "transformisme" semble d'ailleurs être particulièrement prisée des revenants du pays vannetais qui passent leur temps à surprendre, plus qu'à effrayer, les mortels en prenant les apparences les plus variées. Sans doute sont-ils, eux aussi, les héritiers, plus ou moins directs, de ces *gallisenae* qu'évoque Pomponius Mela. Car leurs compétences sont tout simplement prodigieuses. Comme les mourioches dont parle Paul Sébillot, à propos des enquêtes de collectage menées dans le nord du pays Gallo, les *Anaon* du bas vannetais s'amusent beaucoup à surprendre les hommes et à leur jouer plus d'un tour.

Ainsi, Kohlé Porh an Drou habitait à Carnac plage, au lieu dit... Porh-en-Drou. *"Il n'était pas méchant, précise Le Rouzic, mais il se plaisait à faire mille farces aux habitants des villages riverains de la côte, aux personnes qui s'attardaient au bord de mer, et surtout aux pêcheurs."*

Il leur apparaissait souvent sous la forme d'un taureau, qui courait le long de la plage et dont les terribles mugissements faisaient trembler tout le voisinage.

Un jour, un paysan de Legénèse perdit un taureau sur la lande. Pris d'une vive inquiétude, il chercha la bête toute la nuit. Il finit par le trouver – c'est du moins ce qu'il croyait – au lieu-dit de Park ar Meskeù. Enfin rassuré et apaisé, il le ramena, tout guilleret, vers son étable. Mais à sa grande surprise, à peine la bête fut-elle entrée dans la cour de la ferme, elle prit l'apparence d'un homme qui se mit à rire frénétiquement et s'enfuit en battant des mains comme un dément : c'était évidemment Kohlé Porh en Drou.

Souvent, au cours des nuits de tempête et de grand vent, on entendait des voix se lamenter sur les rochers, au large. Ceux qui ne le connaissaient pas et qui ignoraient la présence de l'Anaon, en Basse Bretagne, auraient pu affréter un bateau pour aller secourir d'éventuels naufragés. Ils n'auraient trouvé que la mer, le vent, les rochers et quelques écharpes d'écume blanche… Et le rire espiègle de Kohlé Porh en Drou…

Parfois encore, le drôle arrivait, de nuit, dans les villages, sous la forme d'un pêcheur, ou d'un paysan, car chacun en ce temps là et dans ces contrées là, faisait les deux métiers en même temps, et avertissait à la cantonade que le goémon s'accumulait sur les rochers, comme une véritable manne d'or noir, d'engrais excellent pour la terre. Tous les hommes alors, se levaient, dans la précipitation, pensant que cette bonne fortune valait bien quelques heures de sommeil en moins. Hélas, lorsqu'ils parvenaient à la grève, leurs fourches sur l'épaule et leur lourde charrette attelée à leur meilleur bidet breton, c'était pour s'apercevoir qu'ils avaient été joués par ce bougre de Kohlé Porh en Drou.

Le plus souvent, c'était des pêcheurs qu'il aimait à se moquer. Il prenait alors la forme d'un beau poisson argenté, à la peau brillant de mille reflets irisés. Les hommes de la mer le saisissaient dans leurs filets, se réjouissant du prix qu'ils allaient pouvoir en tirer auprès de leur marayeur habituel, ou en le vendant en direct à quelque auberge locale. Mais à peine débarqué sur le quai, dans sa caisse de bois, le poisson grandissait, grandissait, ses nageoires se transformaient en bras et en jambes, il lui poussait des cheveux sur la tête, et un grand lascar hilare, tordu de rire et battant des mains comme un enfant, se sauvait à la barbe des *morer*, surpris et dépités.

Les *paotred* ou *spontaills* apparaissent en pays vannetais, liés aux plages, aux landes ou aux garennes. A kohlé Porh en drou déjà évoqué, on peut ajouter Paotr Pen er Lô, Paotr en treh bras, Spontaill Kerbihan, Er mahr Melen, Paotr er H'roëg, Paotr Gelven, Paotr Lanvelan, Paotr en hent marha, Paotr er klud Sant-Mikél, Paotr Fetan Goed, Spontaill Verguézel, Paotr Fetan Sant Mikél, Minour Grepon, Gad Koed er Blei, Paotr Fetan Kergouëleck, Spontaill Kroez en Negnol, Kohlé Praren Rosnual, Paotr Fentaneú, Spontaill loast en len, Spontaill er men du, Spontaill lat er Fetan, Paotr Fetan-er-Eutru, Paotr Pont Kerhek Paotr Tennad er-varkez, Spontaill pont melein Kerdeneven, Spontaill pont er Gérek, Gad hent Kerdual, Spontaill Pont Plantec, Spontaill pont Kahek, Paotr Pont Kerveneú, Spontaill Pont-en-hent marc'had, Paotr pont Cardenn, Spontaill Pont Coëd-a-Tous, Paotr pont er Meneh, Paotr Pont Ti lest, Paotr pont er Stank, Paotr Poul Levan… Des cohortes, des bataillons serrés, des légions en marche, une véritable armée de revenants, tous gardiens attitrés et consciencieux des lieux, et principalement, comme le prouvent leurs noms, des lieux humides, étangs d'eau douce ou saumâtre, ruisseaux et bord de mer.

Depuis le temps qu'on vit avec eux, à côté d'eux, et que le monde des vivants et des morts s'interpénètrent avec constance et opiniâtreté, ils font partie de la famille.

Il s'agit pourtant de leur témoigner respect et affection. Rien ne les heurte davantage que l'humour fait sur leur dos et à leur détriment. Le rieur ou l'arrogant peuvent l'apprendre à leurs dépens.

Le Braz synthétise fort bien cet état d'esprit et cette sensibilité à fleur… d'os : *"Un manque d'égard le met hors de lui ; si on lui fait du tort, il se venge."* Au rang de ces "manques d'égard" : le doute ou l'ironie faite à leur détriment. Gab Prunennec, de Spézet, évoqué dans *La Nuit des Morts,* par l'auteur de *La Légende de la mort,* se rendit coupable du premier affront. Pour s'assurer que les Anaon revenaient sur les lieux aimés, lors de la nuit magique de *Kala Goañv*-La Toussaint, il resta éveillé dans son lit clos alors que toute la maisonnée était endormie, et épia les revenants. Mal lui en prit, les âmes de ses proches s'acharnèrent sur lui, lui arrachèrent de leurs ongles les prunelles de ses yeux, à tel point qu'il resta aveugle à vie et pleura des larmes de sang jusqu'au jour où, délivré enfin, il rendit l'âme à dieu. Oui, qu'il prenne la forme de chèvres, de moutons, de chevaux, de chiens, de taureaux, de lièvres ou encore d'arbres, l'Anaon n'aime pas que l'on se moque de lui ou simplement que l'on mette son existence en doute. On peut même dire que le scepticisme le met hors de lui et participe à ses yeux à son effacement du monde, à une seconde mort en quelque sorte.

D'après Le Rouzic, deux gendarmes de "la" République, qui ne devaient croire qu'aux mânes de Robespierre, d'Hébert et de Marat, en furent pour leurs frais ; ayant ri aux récits de paysans vannetais qui leur parlaient placidement des spontaills, ils furent précipités dans les flots bouillonnants où ils se noyèrent à peu près instantanément…

Thierry Jigourel

Kohlé Porh en Drou, être proteïforme

Lexique succinct :

Aerouant : dragon.

Anaon : nom collectif pour les âmes des défunts.

Ankou : allégorie bretonne de la mort.

Aotrou Person : Monsieur le curé.

Avalon : nom de l'Autre Monde dans la Tradition brittonique.

Aval, pluriel avaloù : pomme.

Bag-noz : littéralement, le "bateau de la nuit", sorte de Hollandais Volant, chargé à ras bord d'âmes en peine et en instance.

Bag-sorserez : "bateau de sorcière", frêle esquif dans lequel les voueuses de l'île de Sein allaient, selon la croyance populaire, à leur "sabbat" de la mer.

Baz bezin : bâton à goémon, qui servait de gouvernail au bag sorserez.

Begul-nouz (en breton unifié on écrirait "bugel noz") : sortes de loups-garous du pays vannetais.

Beleg, pluriel beleien : prêtre.

Breuriez, pluriel breuriezoù : frairie.

Cacous : dans la tradition populaire, descendants de lépreux, qui fabriquaient des cordes à la sortie des bourgs. On leur attribuait toutes sortes de pouvoirs.

Crierien : âmes en instance, entassées dans le bag-noz.

Droug avis : le mauvais œil.

Ene, pluriel eneoù : nom singulier pour l'âme du défunt.

Folliked : variété de lutins qui habitaient jadis l'île de Bréhat.

Groac'h ou gwrac'h : Littéralement "la vieille", désigne en général des "fées "au moins ambiguës, voire des sorcières.

Gwezenn : arbre.

Kala goañv : calendes d'hiver, nom dont on désigne encore la Toussaint dans certaines régions de Bretagne.

Kala hañv : Calendes d'été.

La Mer,
comme une ceinture
de rêve et d'Infini,
réservoir
de tous les imaginaires
celtiques.

Kannerezed-noz : "lavandières de la nuit", esprits malfaisants et dangereux qu'il vaut mieux éviter de rencontrer, la nuit, près des cours d'eau, où elles battent leur linge.

Karrigel : brouette. Par dérision, la charrette de l'Ankou.

Kef an Anaon : la bûche des âmes, que l'on laissait à l'intention des défunts, dans la cheminée, la nuit de la Toussaint.

Korils : variété de nains du Pays Vannetais.

Korrigan : pour La Villemarqué, ce terme désigne les fées. Dans l'acception contemporaine, il s'agit le plus souvent des "nains".

Maen gazeg : littéralement "pierre de la jument". Pierre de fécondité vénérée à Locronan.

Maouez noz : Variété de kannerez noz.

Mel benniget : "Maillet bénit", qui servait dans certaines paroisses du pays vannetais, à euthanasier les moribonds.

Mevel : valet

Morer : marin

Morganed : sorte de lutins aquatiques qui vivaient autrefois dans les parages d'Ouessant.

Oberour ar maro : l'ouvrier de la mort. Surnom donné à l'Ankou.

Oferenn drantel : messe de trentaine, dite à l'envers, pour exorciser les démons, dans la chapelle du Ménez-Bré.

Paolig : petit nom du Diable, en breton.

Penherès : riche héritière.

Pillig (ar billig) : large plaque de fonte qui, posée sur un trépied, dans la cheminée, sert à faire les crêpes.

Spontaill : revenant, dans la région de Carnac.

Spanell : spatule en bois servant à retourner les crêpes.

Taol bouet, an daol bouet : la table à manger.

Teuz : esprit sylvestre, hérité du duz gaulois.

Vatez : Servante, domestique.

Yann Gouer : Nom générique du paysan breton.

Youdic (cuvette du) : entrée de l'Enfer froid des Bretons.

Bibliographie succinte

Besançon Dominique,
Sorcelleries et Diableries de Betagne, Terre de Brume, Rennes, 2004.

Cambry Jacques,
Voyage dans le Finistère, éditions du Layeur, Paris 2000.

Chevalier Jean et Gheerbrant Alain,
Le Dictionnaire des symboles, collection Bouquins, Robert-Laffont, Paris, 1997.

Corbière Tristan,
Les Amours Jaunes, Hachette, Paris, 2003.

Eveillard James et Huchet Patrick,
Croyances et Superstitions en Bretagne, éditions Ouest-France, Rennes, 2004.

Guyonvarc'h Christian-Joseph,
Magie, médecine et divination chez les Celtes, éditions Payot, Paris, 1997.

Hélias Pierre-Jakez,
Le Cheval d'Orgueil, éditions Plon, Paris, 1975.

Hersart de La Villemarqué, Théodore,
Barzaz Breiz, Librairie Académique Perrin, Paris, 1990.

Kervella Divi,
Emblèmes et symboles des Bretons et des Celtes, éditions Coop Breizh, Spézet, 2001.

Lamézec Annick,
Le Diable en Bretagne, éditions Skol Vreizh, Morlaix, 1993.

Le Braz Anatole,
Iles Bretonnes, Bibliothèque Celte, éditions Terre de Brume, Rennes, 2004.
La Légende de la Mort chez les Bretons Armoricains, éditions Jeanne Laitte, Marseille, 1979.
Récit La Nuit des Morts, in Paques d'Islande, éditions La Digitale, Baye, 1990.

Le Roux Françoise et Guyonvarc'h Christian-Joseph,
Les Druides, éditions Ogam-Celticum, Rennes, 1982.

Le Rouzic Zacharie,
Carnac, légendes, traditions,coutumes et contes du pays, Imprimerie bretonne, Rennes, 1956.

Luzel François-Marie,
Notes de voyage en basse-Bretagne, du Trégor aux îles d'Ouessant et de Bréhat,
Presse Universitaires de Rennes-Terre de Brume, Rennes, 1997.

Perrin Olivier et Bouët Alexandre,
La Galerie Bretonne, La Vie des bretons de l'Armorique- Breiz-Izel, Jan-pierre Gyss éditeur, Strasbourg, 2001.

Renan Ernest,
La poésie des races celtiques, éditions L'Archange Minotaure, Montpellier, 2003.
Souvenirs d'enfance et de jeunesse, Garnier-Flammarion, Paris, 1973.

Sébillot Paul,
Joyeuses histoires de Bretagne, éditions Terre de Brume, Rennes, 2001.

Souvestre Emile,
Le Foyer Breton, éditions Terre de Brume, Rennes, 2000.
Les Derniers Bretons (2 tomes), éditions Terre de Brume, Rennes, 1997.

Walter, Philippe,
Merlin ou le savoir du monde, éditions Imago, Paris, 2000.

CROYANCES, SORCELLERIE ET SUPERSTITIONS
EN BRETAGNE

de Thierry JIGOUREL

Rédacteur en Chef : Gérard BARDON
Directeur Technique : Alain OSSANT
Maquette : Stéphane BAZIN

Édition, réalisation : COMMUNICATION-PRESSE-ÉDITION
RCS B 398-382-416
BP 57 - 5, Allée de la Tuilerie
41202 Romorantin Cedex
Téléphone : 02.54.83.41.41 - Fax : 02.54.83.41.43
e-mail : almanachs@cpe-editions.com
Site internet : cpe-editions.com

Imprimé en France - Edition d'avril 2010
ISBN : 2-84503-760-1
EAN : 9782845037601
Dépôt légal à parution